Stress

„Stress bewältigen und Burnout vorbeugen für mehr Gelassenheit und Entspannung im Alltag“

von

Michael Richter

1. Auflage 2016

Version 06.10.2016

Bildnachweis: © Michael Nivelet / shutterstock.com

Haftungsausschluss

Die Informationen, die Sie in diesem Buch finden, wurden mit größter Sorgfalt aufbereitet. Der Autor übernimmt keinerlei Gewähr für die Aktualität, Korrektheit, Vollständigkeit oder Qualität der bereitgestellten Informationen und weiteren Informationen. Haftungsansprüche gegen den Autor, welche sich auf Schäden materieller oder ideeller Art beziehen, die durch die Nutzung oder Nichtnutzung der dargebotenen Informationen bzw. durch die Nutzung fehlerhafter und unvollständiger Informationen verursacht wurden, sind grundsätzlich ausgeschlossen, sofern seitens des Autors kein nachweislich vorsätzliches oder grob fahrlässiges Verschulden vorliegt.

Das Buch enthält Links zu Informationen Dritter, auf deren Inhalte der Autor keinen Einfluss hat. Deshalb kann er für die fremden Inhalte auch keine Gewähr übernehmen. Für die Inhalte der verlinkten Seiten ist stets der jeweilige Anbieter oder Betreiber der Seiten verantwortlich. Die verlinkten Seiten wurden zum Zeitpunkt der Verlinkung auf mögliche Rechtsverstöße überprüft. Rechtswidrige

Inhalte waren zum Zeitpunkt der Verlinkung nicht erkennbar.

Michael Richter, 2016

Inhaltsverzeichnis

Muße

Was soll'n die Mühen dieser Welt,
wenn uns die Zeit zum Staunen fehlt?
Die Zeit zum unter Bäumen steh'n,
wie Kuh und Schaf das Land beseh'n.
Die Zeit zu späh'n, am Waldessaum,
nach Eichhorns Nüssen unterm Baum.
Die Zeit, bei Tag zu sehn die Pracht
des Stroms voll Sterne, wie bei Nacht.
Die Zeit, zum Blick der Schönen dreh'n
und ihre Füße tanzen seh'n.
Die Zeit zu warten, bis ihr Mund
dir schenkt, was erster Blick tat kund.
Wie arm das Leben auf der Welt,
wenn uns die Zeit zum Staunen fehlt!

W. H. Davies (1871 - 1940)

Stress - was ist das eigentlich?

Instinktiv wissen wir alle, was Stress ist. Jeder hat es bereits erlebt, der eine mehr, der andere weniger. Die Welt um uns herum ist wahnsinnig schnelllebig geworden und das sogar noch mehr als zu den Lebzeiten des Dichters W. H. Davies, von dem Sie gerade eben ein Gedicht gelesen haben. Er fühlte die Schnelligkeit bereits in seiner Zeit, die ihn vermutlich bereits ahnen ließ, dass diese Hektik in Zukunft noch zunehmen würde und wir uns in eine Art 24/7-Gesellschaft entwickeln würden, die unglaublich hohe Ansprüche an uns und unsere Zeit stellt. Gleichzeitig werden hohe Erwartungen aufgestellt. Es wird erwartet, dass man jenen großartigen Job hat, der so und so viele tausend Euro mit nach Hause bringt, wir ein schönes Haus mit Garten haben, wir viel reisen sowie 100 bestimmte Dinge tun, bevor wir sterben, und vieles, vieles mehr.

Wir Menschen hetzen immer mehr von Termin zu Termin und von Tag zu Tag. Die Autos auf den Straßen sind mehr geworden, es kommt zu schlimmeren Staus und Verkehrsstockungen. Öffentliche Verkehrsmittel sind immer gut gefüllt, um uns morgens zur Arbeit zu bringen und abends wieder nach Hause. In einigen Gegenden, besonders in Großstädten, ist es auch nicht gerade unüblich, dass man wie Sardinen zusammengequetscht in der U-Bahn steht und gerade noch selbstständig atmen kann. Die Menschen sind auf dem Weg bereits oft gestresst, vollkommen konzentriert auf den bevorstehenden Stress des Tages, sich fragend, ob man seine Projekte wirklich wie geplant und gewünscht durchführen kann oder ob jener Kollege wieder zu spät kommen mag. Dazu trägt jeder von uns heutzutage dieses flache technische Ding mit sich herum - ein Smartphone. Es zwingt uns unterbewusst, jederzeit für die neuesten Nachrichten aus der Welt, den sozialen Netzwerken und unsere Arbeit verfügbar und empfangsbereit zu sein. Manchmal nutzen wir es auch, um mit einer App etwas Schönes festzuhalten, sodass wir es gleich mit unseren Freunden über das World Wide Web teilen können. Jedoch konzentrieren wir uns mehr auf das Ding in unseren Händen, kommunizieren hauptsächlich durch das Smartphone mit unseren Mitmenschen, anstatt einfach mal inne zu halten, was eigentlich wirklich um uns herum geschieht. Den Blick fürs Wesentliche haben wir vor langer Zeit angefangen zu verlieren. Das Wesentliche ist das Wohlergehen von uns selbst. Wir leben in einer wahrhaft stressigen Zeit, die uns das Gefühl gibt, ständig unter Strom zu stehen. Doch was bedeutet der Begriff Stress eigentlich wirklich?

Laut dem Duden bedeutet Stress eine überhöhte Beanspruchung, die sowohl physischer als auch psychischer Natur sein kann. Umgangssprachlich wird das Wort Stress jedoch auch mit 'Ärger' verbunden. Jeder von uns hat bereits Stress erlebt, allerdings hat Stress für jeden eine andere Bedeutung und jeder hat eine anders gelagerte Toleranzschwelle für Stress. Generell ist Stress jedoch die Reaktion unseres Körpers auf eine Herausforderung in unserem Leben, sei es eine reale Herausforderung oder auch nur unsere eigene Wahrnehmung einer Herausforderung. Die meisten Gründe für Stress kommen von außerhalb. Dazu gehören: ein überhöhtes Arbeitspensum, immense Ansprüche an uns in unserer Zeit, Schwierigkeiten in Beziehungen, Arbeitslosigkeit, finanzielle Schwierigkeiten oder ganz persönliche Dingen, die Stress verursachen. Die Reaktion darauf geschieht jedoch in unserem eigenen Körper.

Wie reagiert mein Körper auf Stress?

Die Stressreaktion unseres Körpers ist eigentlich tief in uns verwurzelt. Unsere Vorfahren mussten zu extremen physischen Reaktionen und plötzlichen Energieexplosionen fähig sein, wenn sie gegen ein wildes Tier kämpfen oder davor flüchten mussten. Auch heute hilft uns ein gewisser Stresspegel, besser zu funktionieren. Uns hilft eine situationsbedingte Stimulation unseres Nervensystems, einem sich nähernden Fahrzeug auszuweichen, eine schwungvolle Präsentation zu geben oder auch mit viel Einsatz Körperübungen zu machen.

Wenn unser Geist eine herannahende Bedrohung wahrnimmt, werden die körpereigenen Hormone Adrenalin und Cortisol, die ‘Fight oder Flight’-Botenstoffen, ausgeschüttet, die sehr zeitnahe Auswirkungen auf unseren Körper haben. Unser Herzschlag beschleunigt sich, unsere Pupillen erweitern sich, Verdauungsprozesse kommen zum Stillstand, unsere Muskeln spannen sich an, der Blutdruck steigt und unser Immunsystem wird unterdrückt. In Sekundenschnelle wird so alles an Energie in unserem Körper bereitgestellt, um zu entscheiden, ob wir kämpfen oder flüchten sollen.

Wenn Sie nun von einem Säbelzahntiger angegriffen werden würden, bräuchten Sie die Energie und das Adrenalin, damit Sie entsprechend reagieren können. Selten werden Sie jedoch heutzutage auf einen echten Säbelzahntiger treffen, der eine Lebensbedrohung für Sie darstellen könnte. Daher haben wir Menschen mit dieser tiefverwurzelten automatischen Reaktion unseres Körpers begonnen, uns ständig auf Notfälle vorzubereiten, die so in dieser Form gar nicht stattfinden werden. Auf Dauer hat das keine gute Auswirkung - weder auf unseren Körper noch auf unsere Seele.

Zunächst kann man leicht denken, dass nur Menschen von sogenanntem 'negativen Stress' betroffen sind, die im Beruf einem hohen Druck ausgesetzt sind. In Wahrheit sind wir aber alle davon betroffen, denn wir reagieren aus einem Sicherheitsbedürfnis heraus. Wir müssen uns zwar nicht mehr vor wilden Tieren in Acht nehmen, dafür ist unser modernes Leben dennoch voller Bedrohungen. Mit jedem Tag kommen neue Anforderungen und somit auch der Stress - sei es der Stau auf dem Weg zur Arbeit oder eine unerwartete Rechnung, Kinder oder Haustiere, die spontan in Ihrer Abwesenheit eine Schweinerei angerichtet haben, oder Ihr Chef, der Sie kritisiert. Die Liste würde sich unendlich weiterführen lassen. Bewusst wirkt das nicht bedrohlich auf uns, unser Nervensystem unterscheidet jedoch nicht zwischen einer physischen Bedrohung oder einer Bedrohung auf mentaler Ebene.

Was sind die Auswirkungen von Stress?

Unser Immunsystem wird durch die ständigen Stressreaktionen unseres Körpers belastet und unsere Adrenalindrüsen erschöpfen sich mit der Zeit, sodass grässliche Giftstoffe in unseren Körper abgesondert werden.

Kurzfristige Auswirkungen auf unseren Körper kann bereits der ständig durch die Stressreaktion verursachte beschleunigte Herzschlag haben. Das kann sich zu einer Art Schleife entwickeln, wobei sich der Herzschlag immer weiter erhöht und man leicht den Gedanken bekommt, nun einen Herzinfarkt zu erleiden oder eine andere Herzkrankheit zu entwickeln. Das wiederum verursacht uns noch mehr Stress oder gar Angst. Auf der emotionalen Ebene können wir durch die Dauerbelastung der Stressreaktion gereizter werden oder auch ängstlich. Forscher fanden heraus, dass sogar unsere Konzentrationsfähigkeit und unser Erinnerungsvermögen darunter leiden.

Langfristig haben Stressreaktionen weit schwerwiegendere Auswirkungen auf uns, wobei das Risiko zu chronischen Krankheiten, wie etwa Bluthochdruck, stark erhöht wird. Unser Immunsystem wird immer schwächer, sodass wir öfter krank werden. Langfristige Auswirkungen von Stress können auch psychische Krankheiten, wie etwa Depressionen, sein. Jeder von uns hat seine eigene 'Achillesferse', das heißt, jeder von uns hat einen wunden Punkt, an dem wir besonders empfindlich sind und bereits körperliche Probleme haben. Der eine neigt generell dazu, eher eine Migräne zu bekommen, der nächste hat einen empfindlichen Magen oder das Reizdarmsyndrom und der andere hat Probleme mit seinem Rücken. In Zeiten von vermehrtem Stress werden diese Probleme gerne schlimmer.

Eine permanente und unangebrachte Stimulierung unseres Körpers und unseres Geistes durch negativen Stress kann zu ernsthaften Krankheiten führen. Soweit müssen Sie es jedoch gar nicht kommen lassen.

Laut Forschungen machen wir uns am meisten Sorgen über Dinge, die entweder vergangen sind oder die nicht mehr zu ändern sind. Man könnte fast meinen, dass Sie sich nur deswegen um etwas Sorgen machen, weil Sie Ihrem Gehirn keine andere Beschäftigung bieten. Sie sollten natürlich über ein gewisses emotionales Spektrum verfügen, damit Sie sich im Ernstfall, wenn Sie jemand tatsächlich angreifen sollte, durch genug Angst und Wut verteidigen können. Es geht hier mehr um den Aspekt, dass eine Stressreaktion unnötigerweise den ganzen Tag aufrechterhalten wird, was mit der Zeit zu ernsthaften körperlichen und auch psychischen Problemen führt.

Wenn wir uns schlecht fühlen, entsteht das schlechte Gefühl aus unserer eigenen Stressreaktion. Daher wenden sich auch viele Menschen Alkohol, Zigaretten oder anderen Rauschmitteln zu. Diese Menschen tun das, um sich besser zu fühlen und um mit dem Stress klar zu kommen, denn sie haben vermutlich in ihrem Leben keine andere Alternative erlernt und wollen den negativen Gefühlen einfach nur entkommen.

Darüber hinaus hat eine Forschung des Max-Planck-Instituts für Kognitive Gehirnwissenschaften und der TU Dresden ergeben, dass Stress tatsächlich auch ansteckend sein kann. Es reicht bereits aus, einen anderen Menschen in einer stressbeladenen Situation zu beobachten, damit unser Körper das Stresshormon Cortisol ausschüttet. Sogenannter *emphatischer Stress* entstand während der Studien vorwiegend, wenn der Beobachter und der unter Stress stehende Mensch sich in einer partnerschaftlichen Beziehung befanden und die stressige Situation durch einen einseitigen Spiegel beobachtet werden konnte. Wäre es nicht viel schöner, sich stattdessen mit innerer Ruhe und Ausgeglichenheit anzustecken?

Erkrankungen, die durch Stress ausgelöst werden

Stress kann viele gesundheitliche Probleme mit sich bringen. Deswegen möchte ich Ihnen hier einen kurzen Überblick über die verschiedenen Erkrankungen, die durch Stress ausgelöst werden können, verschaffen.

Körperliche Erkrankungen:

- Kopfschmerzen / Migräne
- Schlafstörungen
- Bluthochdruck
- Herzinfarkt
- Magenschleimhautentzündung
- Magengeschwüre
- Durchfall
- Übelkeit
- Hauterkrankungen

Psychische Erkrankungen:

- Nervosität
- Konzentrationsstörungen
- Tinnitus
- Angststörungen
- Depressionen
- Burnout

Wichtig:

Sollten Sie eine oder mehrere Erkrankungen bei sich selbst wiedererkennen, ist es Zeit zu handeln. Ich möchte Ihnen dazu raten, professionelle Hilfe aufzusuchen, falls sich eine der genannten Erkrankungen zeigt. Haben Sie keine Angst und lassen Sie sich unter die Arme greifen. Sie werden Ihre Lebensfreude deutlich steigern können. Dieser Ratgeber kann Ihnen aber auch gut als Zusatz zu einer solchen Behandlung dienen.

Wie kann ich Stress effektiver begegnen?

Der sogenannte Vater der Stressforschung, der Mediziner Hans Selye, sagte einst:

“Der größte Stress für Menschen ist emotionaler Natur. Unsere emotionale Reaktion wird nicht so sehr durch das Ereignis selbst, sondern vielmehr durch unsere Interpretation des Geschehens bewirkt.”

Anstatt chaotisch auf die Ereignisse unseres Lebens zu reagieren, können wir aus ihnen einen Nutzen für uns selbst ziehen, indem wir unsere Erfahrungen anders interpretieren und unser Leben aus einer anderen Perspektive betrachten, wobei wir auch mal innehalten.

Es ist eine alte Regel, dass das, worauf wir unsere Aufmerksamkeit richten, sich auch in unserem Leben manifestiert. Je mehr wir uns folglich auf den Stress konzentrieren, desto mehr unterwerfen wir uns dieser ungesunden Anspannung. Diese Spannung müssen wir lernen, aus unserem Alltag herauszunehmen, um Situationen wieder entspannter begegnen zu können. Sie werden merken, wenn Sie Ihren Alltag entspannter und mit mehr innerer Ruhe angehen, können Sie die Herausforderungen Ihres Alltags viel besser bewältigen.

Was bringt es Ihnen, sich von stockendem Verkehr stressen zu lassen, wenn Sie nur auf Ihre Uhr achten und sich fein säuberlich in Gedanken notieren, wie viele Minuten Sie hinter Ihrem bevorzugten Zeitplan liegen? Indem Sie hektischer unterwegs sind, werden Sie nicht schneller dort ankommen, wo Ihr Ziel liegt. Eher laufen Sie Gefahr, durch den Stress unaufmerksam zu werden und möglicherweise in einen Verkehrsunfall verwickelt zu werden.

Schauen wir uns im Folgenden zunächst drei fundamentale Strategien an, mit deren Hilfe Sie zunächst beispielhaft erlernen können, Ihre allgemeine Grundhaltung feiner abzustimmen, um Stress effektiver zu begegnen und mehr Ruhe in sich selbst zu finden sowie Stress schlicht aus einem anderen Blickwinkel betrachten zu können. Dazu gehört Mindfulness, die positive Perspektive und ganz einfach Zeit für sich zu nehmen.

Mindfulness

Das Wort *Mindfulness* stammt aus dem Englischen und bedeutet Aufmerksamkeit oder auch Achtsamkeit. Mindfulness ist eine Praktik, deren Wurzeln weit in uralte Traditionen der buddhistischen Meditation zurückreichen und die in unserer heutigen Gesellschaft langanhaltende Wirkungen erzielen kann. Wissenschaftler haben herausgefunden, dass Mindfulness sehr positive Auswirkungen auf unsere Gesundheit hat, wobei es in vielen verschiedeneren Formen praktiziert werden kann, z.B. in der klassischen und traditionellen Meditation. Entgegen einer weiterverbreiteten Auffassung geht es bei der Praktik von Achtsamkeit weniger darum, in eine Art geistiges Nirvana zu gelangen oder eine Erleuchtung in diesem Sinne zu erreichen. Stattdessen geht es darum, in der Gegenwart zu existieren und diese so anzunehmen, wie sie ist, wie auch immer sie aussehen mag. Es ist eine Praktik, unsere Aufmerksamkeit mit Gedanken, Gefühlen, körperlichen Wahrnehmungen und der Welt um uns herum im gegenwärtigen Moment zu unterstützen.

Wenn wir beispielsweise unterwegs sind, sind wir häufig

sehr besorgt darüber, wie wir von A nach B gelangen und sind frustriert, wenn es Verzögerungen gibt. Wir halten nicht inne, um uns die Welt um uns herum anzuschauen. Indem wir uns in unserer Achtsamkeit und Aufmerksamkeit üben, werden wir ermutigt, Verzögerungen und Pausen zu akzeptieren. Anstatt uns mehr und mehr auf rote Ampeln, Staus oder allgemeine Verzögerungen, auf die wir ohnehin keinen Einfluss haben, zu konzentrieren, sollten wir diese Ereignisse als eine Möglichkeit annehmen, in den Moment einzutauchen, wobei wir uns mehr unserer Umgebung bewusstwerden und die kleinen Dinge des Lebens schätzen, die wir wahrnehmen können. Dazu gehört möglicherweise eine schöne Pflanze oder ein Vogelgesang, was wir andernfalls gar nicht bewusst mitbekommen hätten.

Versuchen Sie das doch einmal und beginnen Sie, Achtsamkeit für sich zu üben. Gehen Sie raus, ein Spaziergang reicht zunächst vollkommen aus. Schauen Sie sich in der Gegend um und achten Sie mehr auf diese kleinen Dinge der Welt. Schauen Sie sich dabei ruhig auch Häuser, an denen Sie vorbeikommen, an - wie sie gebaut und mit welchen besonderen architektonischen

Verzierungen sie versehen sind. Achten Sie auch ruhig mehr auf kleine Naturschauspiele. Wie lässt der herannahende Frühling die Knospen an den Bäumen sprießen? Wie wundervoll verfärben sich die Blätter zum Herbst?

Behalten Sie auch stets im Hinterkopf: Wenn Sie aufgrund des Verkehrsaufkommens spät dran sind, wird Ihnen keiner dafür den Kopf abreißen.

Zu Achtsamkeit gehört auch dazu, auf sich selbst zu achten. Sie müssen nicht für alles und jeden permanent erreichbar sein. Sie müssen nicht sofort und überall auf jede persönliche Nachricht und Email, die Sie dank Ihres kleinen Zauberkastens namens Smartphone ständig empfangen können, antworten - es sei denn Sie arbeiten in einem Berufsfeld, in dem es tatsächlich um Leben oder Tod gehen kann. Sie sind ein Mensch und keine Maschine, die selbst nachts auf Nachrichten antworten muss. Die Schlafenszeit ist die Zeit, in der wir möglichst ungestört sein sollten, um am nächsten Tag ausgeruht und energiegeladen durchzustarten.

Wenn Sie einen richtig guten Tag hatten, an dem Sie alles, was Sie sich vorgenommen hatten, erfolgreich gemeistert haben oder einfach viel Spaß und Freude hatten, müssen Sie sich das nicht durch eine Nachricht oder einen Brief, von dessen Inhalt Sie wenig Positives erwarten, versauen lassen. Genießen Sie den Tag in seiner Vollkommenheit stattdessen so zu Ende, wie er war. Eine weniger erfreuliche Nachricht können Sie schließlich auch am nächsten Tag, den Sie dann mit neuer Energie anfangen, lesen.

Die positive Perspektive

Aus jedem schlechten Ereignis folgt immer ein positives, auch wenn das positive nicht im direkten Zusammenhang mit dem negativen stehen muss. Wir müssen neu erlernen, die positiven Aspekte zu erkennen und wertzuschätzen.

Stress hat die Angewohnheit, als Reaktion negative Gedanken unglaublich groß wirken zu lassen, sodass wir leicht nichts anderes als den negativen Stress wahrnehmen. Wenn Sie einen Moment voller Frust erleben, versuchen Sie eine Minute zu reflektieren, was Ihnen am wichtigsten ist und wofür Sie dankbar sind, z.B. Ihre Familie, Ihren Partner oder Ihre Arbeit. Forschungen haben gezeigt, dass die Menschen, die über Ihre wichtigsten Werte sprechen, weniger unter Stress leiden, als Menschen, die nur darüber sprechen, was für sie unwichtig ist. Zudem zeigt Ihnen dieses Vorgehen deutlicher, was Sie alles haben, anstatt das, was Sie gerade nicht haben, zu betonen. Durch diese Vergegenwärtigung lenken Sie Ihre Aufmerksamkeit automatisch auf das Positive.

Stellen Sie sich vor, Sie hatten einen wichtigen

Geschäftstermin, doch dieser wurde kurzfristig abgesagt. Das ist zwar einerseits ungünstig, doch haben Sie dadurch auch etwas Zeit gewonnen, die Sie nutzen können, um etwas Anderes zu machen. Wie wäre es stattdessen, in der Zeit ein leckeres Stück Kuchen im Café um die Ecke zu genießen - möglicherweise sogar mit einem guten Buch in der Hand? Sie können diese Zeit für sich nutzen, um etwas Schönes zu machen und sich dadurch zwischendurch entspannen. Genauso gut können Sie die Zeit auch nutzen, um ein Telefonat mit jemandem zu führen, den Sie ohnehin für Ihr geschäftliches Anliegen ansprechen wollten.

Zur positiven Perspektive gehört auch, ein Stück Vertrauen in die universelle Regel, dass alles, so wie es geschieht, seinen Grund und seine Ordnung hat. Gehen wir dafür noch einmal zu unserem eben genannten Beispiel, in dem uns ein wichtiger Geschäftstermin abgesagt worden ist und wir die Zeit nutzen, um ein leckeres Stück Kuchen in einem Café genießen. Während Sie nun mit Ihrem Kuchen in dem Café sitzen, kommt zufällig ein alter Bekannter oder Freund von Ihnen herein, den Sie schon lange nicht mehr gesehen haben. Spontan verbringen Sie Ihre gewonnene Zeit gemeinsam. Nun, wenn Ihnen der Termin nicht abgesagt worden wäre, hätten Sie ihn nicht zufällig getroffen.

Lernen Sie, sich jeden Tag auf die guten Dinge in Ihrem Leben zu konzentrieren und diese in allem zu finden, ganz gleich, ob sie nur klein oder ganz groß sind. Dazu möchte ich Ihnen eine kleine Übung vorstellen, die auch gerne im NLP angewandt wird, um Sie hilfreich beim Erlangen einer positiven Perspektive zu unterstützen. Notieren Sie sich drei Dinge, die im vergangenen Monat für Sie schiefgelaufen sind. Dabei ist es egal, ob es kleine oder große Ereignisse waren. Daneben notieren Sie sich zu jedem Punkt, welche positiven Ereignisse sich aufgrund der negativen ergeben haben. Durch diese kleine Übung merken Sie vermutlich bereits, wie Sie sich mehr darauf konzentrieren, was in Ihrem Leben gut läuft und das sogar noch ohne negativen Stress. Wiederholen Sie das ruhig öfter in Zukunft oder fangen Sie sogar an, sich jeden Tag kleine Notizen zu machen, was gut gelaufen ist und was Sie fröhlich stimmt.

Bei der positiven Perspektive muss ich auch noch einmal auf das Gesetz der Anziehung, das ich bereits ansatzweise erwähnt habe, hinweisen. Gleiches wird von gleichem angezogen. Wenn Sie sich nur auf all die negativen Ereignisse, die Sie wortwörtlich stressen, konzentrieren, werden Sie auch noch mehr Stress anziehen und in Ihrem Leben manifestieren. Man erhält das, was man nach außen gibt und erwartet. Schauen wir uns dazu doch noch eine weitere Übung an.

1. Denken Sie an etwas, was Sie in der Vergangenheit erfolgreich bewältigt haben. Welche Perspektive hat Sie dabei motiviert? *Beispiel:* ‘Mein Chef animierte uns, indem er unser Projekt als Beitrag für die Allgemeinheit betrachtete. ’ oder ‘Es ist auch etwas ganz Neues für mich und ich bin richtig gespannt, mich näher damit zu befassen. ’
2. Denken Sie an ein Vorhaben, an dem Sie gegenwärtig arbeiten oder was Sie für die Zukunft als Ziel für sich planen.
3. Welche Sichtweise würde dazu führen, dass Sie Ihr Interesse daran verlieren? *Beispiele:* ‘Es bestehen keine Erfolgsaussichten. ’, ‘Es wird mir nichts bringen, selbst wenn ich es erfolgreich abschließe. ’, ‘So etwas

machen doch gerade sowieso alle. ', 'Es sieht mir zu kompliziert aus. '

4. Welche Sichtweise könnten Sie Ihrem Projekt oder Ziel geben, sodass es Ihr Interesse erhöht und Sie es unbedingt in die Tat umsetzen wollen? *Beispiele:* 'Das Universum möchte, dass ich etwas Neues dazu lerne und ich erfolgreich bin. ', 'Es wird die Erfahrung wert sein, was auch immer dabei herauskommt.

Zeit für sich selbst

Es ist absolut notwendig, sich zwischen Stress und Erholung gleichmäßig hin und her zu bewegen. Wenn wir uns keine qualitative Erholungszeit verschaffen, reagieren wir mit Erschöpfung und Krankheiten ungeklärter Ursache, um unbewusst dem Bedürfnis des Körpers nach Ausgleich und Balance nachzugeben.

Nehmen Sie sich daher einfach mal Zeit für sich selbst und tun Sie sich etwas Gutes! Sie müssen nicht den ganzen Tag nur unterwegs sein und von geschäftlichen sowie privaten Terminen hin und her tingeln, bis Sie abends völlig erschöpft ins Bett fallen. Gönnen Sie sich etwas mehr Zeit und Ruhe zwischendurch, entzerren Sie Ihren Terminkalender und versuchen Sie zur Abwechslung, nicht alles auf einmal zu erledigen, sodass Sie entspannter mit der gewonnenen Zeit durchs Leben gehen. Gehen Sie nach getaner Arbeit auch einfach mal direkt nach Hause, gönnen Sie sich ein leckeres Abendessen und entspannen Sie mit einem Tee für eine Weile auf dem Sofa. Finden Sie für sich Dinge, die Sie völlig entspannen - sei es eine ausgiebige Meditation, ein gutes Buch oder ein guter Film.

Vielleicht wollen Sie sich sogar dem 'Binge Watching' hingeben, bei dem Sie einige Folgen Ihrer Lieblingsserie am Stück anschauen. Beschäftigen Sie Ihr Gehirn mit etwas ganz anderem als dem, womit Sie es sonst beschäftigen würden. Versuchen Sie sich in kreativen Beschäftigungen, wie malen oder kochen, um Ihrem Stress ein Ventil zu geben. Dabei kommt es nicht darauf an, wie das Endergebnis aussieht, Sie sind schließlich nicht mehr in der Schule, wo alles beurteilt wird. Selbst wenn Sie bisher aufgrund von vorangegangenen Erfahrungen nicht den Eindruck bekommen haben, sie könnten malen oder schreiben - es geht lediglich darum, einfach alles rauszulassen und Ihren Kopf zu leeren. Stricken und häkeln wirkt laut Forschungen auch beruhigend auf uns und baut unseren Stress ab. Machen Sie alles, was Sie persönlich körperlich und auch geistig richtig erholt.

Tun Sie sich auch mal was Gutes, indem Sie einen kleinen 'Medien-Detox' machen. Schalten Sie Ihr Handy aus, lassen Sie die sozialen Netzwerke für einen Tag nicht an Ihrem Leben teilnehmen, ziehen Sie auch ruhig den Telefonstecker, um einmal komplett ungestört zu sein. Lauschen Sie stattdessen Ihrer Lieblingsmusik, während

Sie ein ausgiebiges Bad genießen. Gehen Sie raus in die Natur und machen Sie einen Spaziergang oder besuchen Sie einfach mal ein Museum. Wenn Sie Haustiere haben, genießen Sie die extra Zeit mit ihnen! Nehmen Sie Ihren Hund auf einen längeren Spaziergang mit oder spielen Sie ausgiebiger mit Ihren Katzen.

Allgemein können uns Tiere viel beibringen und auch Gutes für uns bewirken. Tierhalter haben einen ausgeglichenen Blutdruck und eine reduzierte Neigung zu Depressionen. Hunde und Katzen leben mehr im Moment als wir Menschen, sie können sich relativ einfach von den kleinen Dingen im Leben begeistern lassen. Darüber hinaus haben Studien gezeigt, dass allein das Streicheln unserer Haustiere ausreicht, um mehr Serotonin und Dopamin auszuschütten, was einen beruhigenden Effekt auf uns hat. Streicheln, halten und kuscheln mit Haustieren beruhigt uns schnell, besonders, wenn wir gestresst sind.

Haben Sie vielleicht auch einmal daran gedacht, sich Pflanzen anzuschaffen oder für sich selbst zu gärtnern? Weitere Forschungen haben ergeben, dass - wenn wir Pflanzen und Blumen in unserer Umgebung haben - nicht nur unser Stresslevel verringert wird, sondern auch gute

Laune aus uns herausgekitzelt wird. Indem Sie Ihre Hände in die Erde stecken und Pflanzen pflegen, durchtränken Sie sich also mit der Energie der Ruhe.

Wenn wir uns eine qualitative Erholungszeit vom Stress gönnen, erhöhen wir auch unsere Stressfähigkeit.

Stressmanagement im Alltag

Fast ist es unvermeidbar, dass sich im Lauf des Tages etwas auftut, was uns Stress verursacht. Damit Sie nicht gleich wieder in ein chaotisches Stressverhalten hineinfallen, gibt es gibt viele kleine Dinge - neben den vorangegangenen, fundamentalen Strategien, die Sie ganz unkompliziert anwenden können, sodass Sie zu mehr innerer Ruhe und Ausgeglichenheit finden.

Wie ich bereits am Anfang erwähnt habe, unterscheidet unser Körper nicht zwischen einer emotionalen oder einer körperlichen Bedrohung. Was auch immer geschieht, unser Körper versucht sich dadurch zu schützen, dass er entweder kämpft oder flieht. Oft ist allerdings niemand da, um zu kämpfen oder es besteht keine Möglichkeit wegzulaufen. So verkrampft sich unser Körper immer mehr und strampelt damit, die Anspannung wieder los zu werden. Glücklicherweise können Sie durch Ihren Körper genauso Ihren Geist beeinflussen, wie der Geist Ihren Körper beeinflusst. Wenn Sie Ihrem Körper helfen, die Anspannung nach zu viel Stress wieder loszulassen, werden Sie sich ruhiger fühlen und auch vitaler. Außerdem sind Sie emotional klarer, können sich besser konzentrieren, entspannen und sogar besser schlafen.

Am besten können Sie Ihrem Körper helfen, überschüssige Spannungen loszuwerden, wenn Sie die bereitgestellte Energie und die Wachsamkeit aufbrauchen - ganz einfach durch etwas körperliche Bewegung. Dafür müssen Sie nun kein Spitzensportler in Ihrer Freizeit werden, besonders nicht, wenn Sie es gar nicht gewohnt sind, Sport zu treiben. Es reichen einfache körperliche Bewegungen aus, um den natürlichen Impuls des Körpers nach Ruhe und Entspannung anzustoßen. Ein kurzer Spaziergang ist bereits ausreichend. Vielleicht suchen Sie sich dabei ein Stück Rasen, wenn es die Jahreszeit zulässt. Ziehen Sie sich die Schuhe und die Socken aus und gehen Sie eine Weile barfuß im Gras spazieren. Das reguliert einerseits den Blutdruck, aber auch den Glukosespiegel in unserem Blut. Es fühlt sich zudem einfach erfrischend an, kühles Gras zwischen Zehen zu spüren. Oder strecken Sie sich ausgiebig! Eine Studie hat ergeben, dass wenn Arbeiter an ihren Schreibtischen ein paar schnelle Streckübungen machten, sich Verspannungen und Erschöpfungsgefühle verringerten und sie zugleich einen positiven Einfluss auf Ihre Laune sowie Ihr Allgemeinbefinden verspürten. Natürlich hilft es auch dabei, die Gedanken von dem abzulenken, was Sie gerade negativ beeinflusst. Eine Minute lang den Nacken, die Arme, den Rücken und den Oberkörper zu strecken, kann einen ziemlichen Unterschied für Sie ausmachen.

Dazu sollten Sie nicht vergessen, auch einfach mal durchzuatmen. Besonders gut funktioniert das natürlich an der frischen Luft, wobei es bereits hilfreich ist - wenn man gerade keinen Spaziergang machen kann, das Fenster zu öffnen und sich etwas frischen Wind um die Nase wehen zu lassen. Atmen Sie richtig bewusst.

Versuchen Sie sich doch auch an der "4-7-8"-Methode: Setzen Sie sich mit geradem Rücken auf Ihren Stuhl oder auch auf den Boden. Während Sie einatmen, zählen Sie bis 4. Dann halten Sie Ihren Atem an und zählen weiter bis 7. Bei 8 atmen Sie aus. Wiederholen Sie das für 5 Minuten. Wenn Ihnen das nicht ganz zusagt, probieren Sie etwas ganz Anderes, um bewusster zu atmen und somit Ihrem Stress Luft zu machen: Blasen Sie einen Ballon auf. Sie haben vermutlich spontan keine Lust auf eine Party und wundern sich etwas, doch indem Sie einen Ballon aufblasen, zwingen Sie sich automatisch dazu, langsam ein- und auszuatmen, wobei Sie auf natürlichem Wege Ihre Stressgefühle aus Ihrem Nervensystem hinausbefördern, beziehungsweise hinausatmen.

Eine weitere gute Methode für den Stressabbau zwischendurch ist die einfache Umarmung. Umarmungen sind großartige Stressbekämpfer, denn durch eine simple Umarmung wird das Hormon Oxytocin ausgeschüttet, das uns Entspannung, Vertrauen und Fürsorge empfinden lässt. Das Beste an einer Umarmung ist, dass auch gleichzeitig der Stress des anderen reduziert wird.

Für den ganz schnellen Stressabbau zwischendurch, wenn Sie gerade in einer Umgebung oder Situation sind, in der Sie die aufgezeigten Übungen kurzfristig nicht anwenden können, probieren Sie Ihren "hoku" zu massieren, um sich von dem Stress abzulenken. Der "hoku" ist die Bezeichnung für die Haut an unserer Hand, die unseren Daumen und unseren Zeigefinger verbindet. Er ist ein Akupressur Punkt, der für Anspannung im Oberkörper steht. Wenn man den drückt, kann sich Stress für uns um ganze 39% verringern, wie Wissenschaftler an der Polytechnischen Universität in Hong Kong herausfanden.

Viele Studien haben zudem belegt, dass Aromatherapie effektiv gegen Stress wirkt. Riechen Sie bewusst an Düften und umgeben Sie sich mit ihnen, wobei besonders Lavendel, Jasmin, Vanille und Kokos beruhigend wirken, oder verwenden Sie Ihren ganz eigenen Lieblingsduft. Ihr Geruchssinn ist tiefer in Ihrem Gehirn verwurzelt als Ihre anderen vier Sinne und er ist stark mit Erinnerungen und Gefühlen verbunden, weswegen Düfte uns besonders helfen, Stress in seine Schranken zu weisen.

Wie Ihnen ein Nickerchen, Lachen und Lächeln sowie die sogenannte Macht der Worte mit mehr Ruhe durch Ihr Leben verhelfen, zeige ich Ihnen nun genauer.

Ein Nickerchen

Ein richtig erholsames Nickerchen zwischendurch hilft auf unglaubliche Weise, um Stress abzubauen. Gönnen Sie sich einfach eines oder auch zwei. Forscher haben herausgefunden, dass unser Gehirn und unser Körper ein Aktivitätsmuster haben, bei dem alle 90 Minuten eine kurze Ruhephase eintritt, in der unser Körper seine nach außen gerichteten Aktivitäten reduziert. Unser Körper braucht dann ungefähr 15 Minuten, um sich zu entspannen und um neue Energie zu tanken. Genau dann ist etwas Tagträumerei an der Ordnung, was ein körpereigener Mechanismus ist, um Stress zu kontrollieren.

Wenn Sie nun also die Signale Ihres Körpers spüren, dass Sie weniger aufnahmefähig und konzentrationsfähig zu sein scheinen oder auch möglicherweise schlichtweg müde, hören Sie auf Ihren Körper anstatt sich noch einen Kaffee reinzuschütten, in der Hoffnung sich dann besser konzentrieren zu können und wacher zu sein. Die meisten Menschen tun genau dieses und ignorieren die Signale ihres eigenen Körpers, sodass sich mit der Zeit bestimmte

Gewohnheiten festsetzen, die sich über den körpereigenen Rhythmus hinwegsetzen.

Sobald Sie also das nächste Mal merken, wie Ihre Gedanken langsam beginnen abzuschweifen oder ein Bedürfnis der Ruhe und Entspannung in Ihnen aufkommt, geben Sie dem nach. Sie müssen dabei nicht unbedingt tatsächlich einschlafen, Sie können in der Zeit z.B. auch meditieren, wenn Sie Meditation praktizieren. Es reicht vollkommen aus, ein wenig vor sich hin zu träumen, denn unser Nervensystem unterscheidet nicht zwischen einem realen und einem lebhaft vorgestellten Ereignis.

Machen wir dazu eine kleine Übung für den wohlverdienten entspannenden Schlaf, die Ihnen auch abends helfen kann, besser einzuschlafen.

1. Fangen Sie zunächst an, sich komplett zu entspannen. Lenken Sie Ihre Aufmerksamkeit auf Ihre Füße. Wie fühlen sich Ihre Füße an? Sind Sie warm oder kalt, leicht oder schwer? Atmen Sie tief ein und stellen Sie sich vor, wie Ihre Füße sich beim Ausatmen warm und entspannt anfühlen.

2. Atmen Sie ein weiteres Mal tief ein und spüren Sie, wie sich das entspannte warme Gefühl zu Ihren Knien hochzieht. Lassen Sie zu, wie dieses Gefühl beginnt Ihren Körper zu durchströmen und fühlen Sie, wie es Sie durch seine sanfte Bewegung beruhigt.
3. Atmen Sie noch einmal ein und spüren Sie, wie dieses Gefühl in Ihre Taille hinaufsteigt.
4. Langsam atmen Sie erneut ein und spüren, wie sich dieses Gefühl zu Ihren Schultern hochzieht. Ihre Schultern werden leicht und entspannen sich. Lassen Sie dieses Gefühl langsam durch Ihre Arme und Hände fließen.
5. Atmen Sie ein und lassen Sie das Gefühl durch Ihren Körper sanft und gleichmäßig fließen. Ihre Muskeln entspannen sich, entspannen Sie auch die kleinen Muskeln in Ihrem Gesicht um die Augen und den Mund herum.

Natürlich dürfen Sie zwischen den Schritten ausatmen und gleichmäßig weiteratmen. Entweder genießen Sie nur diese reine Entspannung, um in Ihre innere Ruhe zu sinken oder Sie gehen noch einen Schritt weiter:

Stellen Sie sich vor, Sie liegen an einem wundervollen weißen Sandstrand. Sanft hören Sie im Hintergrund die weichen Wogen des Meeres rauschen, vielleicht liegen Sie in der Nähe einer Palme, die Ihnen ein wenig Schatten schenkt, währen die Sonne wohlig auf Sie herabstrahlt. Es sind nur Sie in diesem Moment an diesem Strand, keiner ist in der Nähe, der Ihre Ruhe stören könnte. Es sind vielleicht ein paar Schäfchenwolken am Himmel zu sehen, die eine oder andere Möwe zieht vorüber. In Ihrer Nase steigt die seichte salzige Meeresluft auf. Ganz deutlich spüren Sie, wie Sie sich in der Sonne mehr und mehr entspannen. Sie sind von der wohltuenden Wärme umgeben.

Sie werden sich danach fühlen, als seien Sie aus dem Urlaub gekommen. Ihr Nervensystem ist es jedenfalls tatsächlich. Durch so ein kleines Nickerchen, das Sie jederzeit tun können, wo auch immer Sie sein mögen, laden Sie Ihre Batterien neu auf. Falls Sie das in einem Bus oder einem Zug machen, denken andere lediglich, dass Sie gerade ein wenig vor sich hindösen. Es ist eine gute Angewohnheit zum Angewöhnen, da diese kleine Träumerei generell dem Stressabbau dient. Selbst wenn

Sie in einem offenen Büro arbeiten oder in einer Fabrikhalle, können Sie sich leicht für fünf Minuten entschuldigen und eine ruhige Ecke finden, in der Sie ein wenig entspannen können, um Ihre Energiereserven aufzuladen. Wiederholen Sie die Übungen am besten so oft wie möglich, um sich auf Dauer ruhender zu fühlen.

Lachen und lächeln Sie ein wenig mehr

Lachen reduziert nachweislich Stress. Gesunde Menschen sind in der Regel fröhliche Menschen - das haben jüngste Forschungen bestätigt. Ein guter Sinn für Humor ist daher nicht zu unterschätzen, gar lebenswichtig als grundlegende Geisteshaltung. Es wird Ihnen wenig bringen, nur zweckgebundenen Humor zu haben, damit Sie sich bei gewissen Begebenheiten besser amüsieren können.

Wenn wir lachen werden Glückshormone, unter anderem Serotonin und Cortisol, freigesetzt. Etwas Lustiges zu erwarten, kann uns bereits besänftigen, denn dadurch wird bereits ein Teil der Glückshormone ausgeschüttet, weshalb wir uns weniger angespannt fühlen. Schauen Sie sich doch ruhig öfter lustige Videos oder Filme oder auch etwas Cabaret an und lachen Sie sich Stress von der Seele. Kurze Videoclips tun bereits ihren Dienst zwischendurch und verbessern die Blutzufuhr zu unserem Herzen. Das haben die Forscher an der Universität Maryland, USA, festgestellt.

Sie können sich nicht nur stressfrei und gesundlachen, was leider vielerorts nach wie vor in seiner Wirkung angezweifelt wird, sondern sich auch die Kraft des *inneren Lächelns* von den Taoisten zunutze machen. Die Taoisten schwören auf diese Praktik bereits seit 2500 Jahren.

Tao Meister Maat Chia sagt: "Taoistische Weise sind der Überzeugung, dass die Organe, wenn wir lächeln oder lachen, eine honigartige Substanz abgeben, die den ganzen Körper nährt. Wenn wir unter Stress stehen, wütend sind oder Angst haben, produzieren sie eine Art Gift, das die inneren Energiekanäle blockiert."

Das Praktizieren des *inneren Lächelns* wird Ihnen dabei dienen, Anspannung los zu werden und ein Gefühl der Erleichterung in Ihrem Körper zu erzeugen. Schauen wir uns gemeinsam an, wie das *innere Lächeln* funktioniert:

1. Setzen Sie sich bequem hin, wenn Sie möchten, können Sie jedoch auch liegen oder eine andere Position einnehmen, die für Sie bequem ist.
2. Lassen Sie ein Lächeln in Ihren Augen tanzen. Wenn Sie möchten, können Sie auch die Mundwinkel leicht nach oben ziehen, als würden Sie

ein Geheimnis kennen, das Sie aber keinem verraten wollen.

3. Lächeln Sie so lange in jeden Teil ihres Körpers, der sich angespannt oder unangenehm anfühlt, bis sich der Teil lockert und gut anfühlt.
4. Lächeln Sie in jeden Teil Ihres Körpers, der sich richtig gut anfühlt. Indem Sie dem Teil Ihres Körpers danken, dass er Ihnen hilft, gesund und stark zu sein, können Sie das Lächeln verstärken.
5. Erlauben Sie dem inneren Lächeln jeden Bereich Ihres Körpers zu durchdringen. Lächeln Sie in Ihre Organe: In Ihr Herz, Ihre Leber, Ihre Bauchspeicheldrüse, Ihre Nieren und auch Ihre Adrenalindrüsen. Lächeln Sie durch Ihre Speiseröhre hinab in Ihren Magen und den ganzen Weg hindurch bis zu ihrem Dünndarm und Dickdarm. Lächeln Sie nach oben in Ihr Gehirn und dann durch die Schädelbasis die Wirbelsäule hinunter. Dabei ist es nicht wichtig, genau zu wissen, wo sich Ihre Organe befinden. Es reicht vollkommen aus, dass Sie es sich vorstellen. Ihr Körper leitet dann die Energie dort hin.

´Sie können so, wie Sie in Ihren Körper lächeln, auch in Ihr Leben lächeln oder in eine Beziehung oder in ein Projekt, an dem Sie arbeiten. Drücken Sie dabei auch Ihren Dank aus. Sie werden feststellen, wie sich die Energie der jeweiligen Situation verändert.

Die Macht der Worte

Poesie, Musik, Kunst, Literatur oder auch Prosa sind sehr wirkungsvolle Hilfsmittel, um uns in einem Moment des Chaos wieder etwas festeren Boden unter unseren Füßen zu verleihen. Diese Hilfsmittel können uns aus einer Art weißem Rauschen der Hektik und des Stresses im Hintergrund, den wir besonders unterwegs oder auch so unter Umständen in unserem Tagesablauf spüren, herausreißen. Wir sind dadurch besser in der Lage, uns richtig auf den Moment zu konzentrieren, wobei wir achtsamer werden und darauf aufmerksam gemacht werden, was wir nicht nur selbst fühlen oder denken, sondern was auch um uns herum in der Welt geschieht. Unter Umständen haben wir auch das Gefühl, in unseren Emotionen gespiegelt zu werden.

Schauen wir uns in diesem Aspekt Poesie, beziehungsweise Gedichte, näher an. Vermutlich haben Sie länger nicht an Gedichte gedacht, denn die waren etwas, was wir alle einst in der Schule auswendig lernen mussten und die meisten Menschen sind froh, das nicht mehr tun zu müssen. Jedoch haben Gedichte einen nachweislich positiven Effekt auf unseren Körper und unseren Geist. Gedichte sind tatsächlich eine gute Unterstützung, um aufmerksamer zu werden. Ein Gedicht kann auch für Sie eine Oase der Ruhe inmitten einer hektischen Umgebung sein, was Sie in einen friedlicheren Gedankengang bringt.

Gedichte sind sehr individuell geschrieben, doch berühren uns die Worte je nach eigener Erfahrungen, Hoffnungen oder gar Befürchtungen auf ganz bestimmte Art und Weise. Nehmen wir einmal an, Sie sind in einer vollen Straßenbahn. Sie sind auf dem Weg zur Arbeit. Anstatt auf eine Werbetafel oder in die gestressten und müden Gesichtszüge Ihrer Mitmenschen zu blicken, lesen Sie ein wundervolles Gedicht. Ganz plötzlich sind Sie mit Ihren Gedanken woanders und nicht mehr Teil des Chaos um sich herum. Sie geben Ihrem Gehirn durch ein Gedicht etwas Anderes als Beschäftigung, lenken Ihre Aufmerksamkeit auf die Worte und sehen vor Ihrem inneren Auge etwas ganz Anderes.

Schauen wir uns dazu doch ein Gedicht ein, einmal im Original in der englischen Fassung und einmal in der Deutschen Übersetzung, wobei es nicht wichtig ist, ob Sie jedes Wort in seinem Sinn und seiner Bedeutung tatsächlich verstehen, besonders, wenn Sie nicht sehr gut mit der englischen Sprache vertraut sind. Sie müssen das Gedicht auch nicht auswendig lernen oder groß interpretieren. Lassen Sie die Worte von William Wordsworth (1770 - 1850) 'Composed upon Westminster Bridge on September 3, 1802 / Verfasst auf der Westminster-Brücke am 3. September 1802' einfach auf sich wirken und achten Sie genau darauf, wie Sie sich dabei fühlen:

Earth has not anything to show more fair:
Dull would he be of soul who could pass by
A sight so touching in its majesty:
This City now doth, like a garment, wear
The beauty of the morning; silent, bare
Ships, towers, domes, theatres, and temples lie
open unto the fields, and to the sky;
All bright and glittering in the smokeless air.
Never did sun more beautifully steep
In his first splendour, valley, rock, or hill;

Ne'er saw I, never felt, a calm so deep!
The river glideth at his own sweet will:
Dear God! the very houses seem asleep;
And all that mighty heart is lying still!

Die Erde hat nicht Schöneres zu zeigen:
Stumpf wär' ein Mensch, der hier vorübergeht
und nicht erlebt des Anblicks Majestät:
Die große Stadt hat heute sich gekleidet
in des Morgens Schönheit! Still da liegen
Dom, Theater, Türme, Schiffe, Kran,
frei gehn die Blicke zu der Wolken Bahn.
Niemals sah ich, fühlt' ich solchen Frieden,
und niemals hat der frühen Sonne Scheinen
vergoldet reicher Hügel, Fels und Tal.
Der Fluß, wie sanft er will, dahin kann gleiten:
Mein Gott! die Häuser liegen all' im Schlaf,
die Stadt hält an, so möcht' man meinen,
des großen, mächt'gen Herzens Schlag!

Ist Ihnen beim Lesen etwas aufgefallen? Ich bin mir sehr sicher, dass Sie nicht in der Lage waren, die Gedichte schnell zu lesen. Es ist beinahe unmöglich, ein Gedicht schnell zu lesen, was mit dem eigenen Tempo und dem Rhythmus des Gedichts zu tun hat. Sie werden mehr oder minder dazu gezwungen, es langsam zu lesen, was unglaublich entspannend ist. Die Regelmäßigkeit des Rhythmus eines Gedichts bringt Sie dazu, ruhiger zu werden. Der Rhythmus eines Gedichts ist wie der Rhythmus eines ruhigen und gleichmäßigen Herzschlags, was wiederum automatisch dazu führt, einen schnellen durch Stress aufgebrachten Herzschlag wieder ins Gleichgewicht zu bringen. Wenn Sie dann auf einen Reim treffen, schauen Sie automatisch auf das vorangegangene Reimwort. Sie können kaum durch die Wörter und die Zeilen eilen.

Doch es ist nicht nur das Lesen an sich, bei dem Sie den Rhythmus und auch einen Reim des Gedichts spüren. Auch werden Ihnen Bilder beim Lesen des Gedichts in den Sinn gekommen sein, die Sie aus diesem Moment, wo immer Sie momentan jene Zeilen gelesen haben, in eine Art andere Welt haben eintauchen lassen.

Gedichte bestehen aus Wörtern, die wir mit der Natur verbinden, was uns das Gefühl der Ruhe und der Stille und auch der Zeitlosigkeit der Natur näherbringt. Besonders die Bilder, die Ihnen vor Ihrem inneren Auge erscheinen, geben Ihnen die Möglichkeit, sich aus einem gestressten, unglücklichen oder auch angespannten Moment herauszubewegen.

Natürlich ist das auch möglich, wenn Sie Musik hören oder Sie können diesen wundervollen Effekt auch durch ein Bild oder Gemälde verspüren, jedoch müsste dafür das Bild wirklich direkt vor Ihnen sein.

Der Reim und die Wortwahl allein sind die zwei Dinge bei Gedichten, die uns dazu bringen, Ruhe zu verspüren, selbst, wenn wir die vom Dichter gewählten Worte bewusst nicht voll und ganz verstehen.

Versuchen Sie es gerne für sich selbst, weitere Gedichte zu finden oder schauen Sie nach Hörbüchern mit Gedichtsammlungen, wenn Sie es lieber mögen, Gedichte vorgelesen zu bekommen. Vielleicht haben Sie durch diesen Abschnitt sogar ein neues Hobby gefunden.

Einführung in die Ruhemeditation

Die Ruhemeditation, die auch gerne 'Stille Meditation' genannt wird, ist eine Meditationsart, die es bereits seit mehreren Jahrtausenden in unterschiedlichen Variationen der verschiedenen Religionspraktiken gibt. Beispielsweise ist das Rosenkranzgebet eine Art der Ruhemeditation im christlichen Glauben. Oft wird behauptet, die Ruhemediation habe ihre Wurzeln im Christentum. Die Ruhemeditation wird im Buddhismus zwar nicht konkret benannt, jedoch setzen viele Meditationen eine innere Stille und Ruhe voraus.

Ruhe ist etwas, das uns Menschen schon immer von unglaublichem Nutzen war, jedoch besonders in unserer heutigen schnelllebigen Zeit noch viel wertvoller für uns ist. Die meisten von uns sind ständig von verschiedenen Medien, vielen lauten Geräuschen - besonders in Großstädten, Terminen und sowohl beruflicher als auch privater Forderungen umgeben. Oftmals bemerken wir diese verschiedenen Einflüsse gar nicht mehr bewusst, denn sie sind einfach so oder so immer da. Daher ist uns der Einfluss auf uns selbst gar nicht bewusst. Menschen, die scheinbar ständig das Gefühl haben, immer auf Achse sein zu müssen und von einem Event zum nächsten zu gehen, bedürfen der Ruhe und der Stille jedoch eigentlich am meisten, denn nur mit Ruhe und Stille können wir mit uns im Gleichgewicht bleiben.

Das Ziel der Ruhemeditation ist, äußere Einflüsse ganz einfach abzuschalten. Bewegungen werden eingestellt und schließlich kommen auch unsere Gedanken zur Ruhe, sodass wir sogar eine Art Gedankenleere erfahren und unser Gehirn auf diese Weise ebenfalls eine Auszeit von Gedanken und Einflüssen erfährt. Aus diesem Grund ist die Ruhemeditation eng mit der Geistesruhemeditation verwandt, die zusammen die Vorstufe zur der sogenannten Einsichtsmediation (Vipassana-Meditation) bilden. Die Vipassana-Meditation hat das Ziel, einen tiefen Einblick in unsere Dynamiken und die der Welt zu erhalten, allerdings lehrt sie uns auch, die Dinge, so wie sind, sehen zu können. Wir bekommen schließlich die Möglichkeit, ganz zu uns selbst zu finden, was unsere Lebensqualität verbessert und uns von allem, was uns leiden lässt, befreit.

Das klingt zunächst alles sehr faszinierend und doch irritierend oder vielleicht auch beängstigend zugleich, denn was bleibt uns, wenn alle Aktionen wegfallen? Es ist die Ruhe, die wir in dieser Form heutzutage kaum mehr gewohnt sind. Nur in der Stille können unsere Gedanken sich beruhigen und wir ganz zu uns selbst finden. Wir verweilen im Einklang mit uns selbst, ganz gleich, was sich außerhalb unseres Lebens abspielt. Sie können natürlich, wenn Sie große Sehnsucht haben, einfach mal ganz in Ruhe für sich zu sein, auf eine einsame Insel, in ein Kloster oder in eine Bergklause ziehen. Das ist allerdings heutzutage in dem Umfang, wie es der ein oder andere braucht, oft nicht so einfach umsetzbar und genau an diesem Punkt springt die Ruhemeditation ein. Die Ruhemeditation können Sie an jedem stillen Ort durchführen, auch beispielsweise in einem kleinen Zimmer inmitten einer Metropole. Je intensiver Sie die Ruhemeditation erlernen, desto mehr entspannen sich Ihr Körper und Ihre Seele wie nach einem entspannten Kurzurlaub. Im Grunde ist es genau das, was Sie für sich selbst tun: Sie geben Ihrem Leben, Ihrem Körper und Ihrer Seele eine Pause.

In diesem Zustand der Stille haben unser Körper und unser Geist die Gelegenheit, Stress abzubauen und sich selbst zu heilen. Anschließend können wir unsere Aktivitäten wesentlich ausgeglichener, harmonischer und mit mehr Kraft auf gar kreative Art und Weise angehen. Unser Leben erhält eine tiefere Bedeutung für uns und es erfüllt uns dadurch mehr. Zwischenmenschliche Beziehungen, aber auch die Beziehung mit uns selbst, wachsen zufriedenstellender, wir finden mehr Freude an unserer Arbeit und wir beginnen sogar, eine tiefere Verbindung mit der Natur und den subtilen Schwingungen, die unsere Umwelt formen, zu empfinden.

Bereits kurze Ruhemeditationen wirken sich positiv auf Sie aus und das Beste daran ist: Jeder kann die Ruhemeditation erlernen.

Wirkungen der Ruhemeditation

Wie bereits erwähnt, kann die Ruhemeditation von jedem erlernt werden. Das schließt auch Jugendliche mit ein. Das Leben eines Jugendlichen heutzutage kann bereits sehr herausfordernd sein und gerade in jungen Jahren fühlt man sich leicht von den Einflüssen aus der Umwelt überfordert. Möglicherweise haben Sie noch nicht so sehr das Bedürfnis, sich eine Auszeit zu nehmen und bemerken gar nicht, wie sehr Sie von Reizen überfordert werden, die die Sammlung und das Gleichgewicht von Ihnen negativ beeinflussen. Studien zeigen hingegen jedoch deutlich, dass wir ein ausgeglichenes Verhältnis von unseren Arbeiten im Alltag und Erholungszeit brauchen, um mit uns selbst im Gleichgewicht zu bleiben. Durch Stress geraten wir leicht aus der Balance, Stresshormone werden übermäßig produziert, das Immunsystem fährt sich hinunter, unsere Organe werden nicht mehr alle ausreichend durch diese Blockaden mit Nährstoffen versorgt. Fazit: wir werden krank.

Krankheiten zeigen sich von Mensch zu Mensch

verschieden. Der eine bemerkt möglicherweise nur körperliche Reaktionen, die einen leicht in Sorge und Panik versetzen, ernsthaftere Krankheiten zu entwickeln, was hingegen noch mehr stresst und im Allgemeinen nicht sehr förderlich ist. Andere Menschen erleiden psychische Krankheiten, die dann weiterhin aufgrund des engen Zusammenhangs zwischen Körper, Geist und Seele körperliche Krankheiten begünstigen. Meditation generell fördert nachweislich das allgemeine Wohlbefinden und - wenn wir uns in unserer Haut richtig wohl fühlen - geht es uns in der Regel sowohl psychisch als auch physisch gut.

Was nützt es, wenn Sie die Welt gewinnen und doch Schaden nehmen, sodass Sie an Kraft verlieren? Fühlen Sie sich gehetzt, unruhig, leiden Sie an Schlaflosigkeit oder haben Sie ein beinahe suchtähnliches Bedürfnis, ständig in Aktion zu sein? Haben Sie erste Anzeichen des Burnout-Syndroms, wobei Sie beginnen, sich ausgebrannt, emotional erschöpft und allgemein überfordert zu fühlen? Dann ist jetzt genau der richtige Zeitpunkt für Sie gekommen, sich näher mit der Ruhemeditation zu befassen, um es erst gar nicht zu schlimmeren Befindlichkeiten kommen zu lassen.

Wenn Sie die Ruhemeditation regelmäßig anwenden, können Sie vielfältige positive Veränderungen bei sich beobachten:

- Ihr Blutdruck und Ihre Herzfrequenz regulieren sich - besonders, wenn Sie das Gefühl hatten, irgendwie ständig unter Spannung zu stehen.
- Sie erhalten eine größere Gelassenheit in all Ihren Alltagssituationen, was für Sie einerseits weniger Stress bedeutet und andererseits mehr Serotonin (Glückshormon) ausschüttet.
- Sie erhalten die Fähigkeit, bewusst inne zu halten und können dadurch besser danach Ausschau halten, was Sie in Ihrem Leben eigentlich wirklich wollen.
- Sie erhalten das positive Gefühl, dass Sie Ihrem Leben jederzeit eine Wende geben können, ganz gleich in was für einer Phase Sie stecken mögen.
- Sie fühlen sich weniger dem Alltagsstress ausgeliefert.
- Schlafstörungen nehmen ab und Sie können wieder besser schlafen.

- Ihr Immunsystem wird gestärkt.
- Mögliche Muskelverspannungen und Schmerzen werden reduziert.

Ruhe und Stille sind eine Seltenheit in unserer heutigen Zeit, doch können Sie sie für sich finden und bewahren. Eine Meditation zu erlernen erfordert keinerlei Hilfsmittel. Es kann durchaus sein, dass Sie etwas Zeit und viel Übung brauchen, um sie zu erlernen und sie somit effektiver regelmäßig anzuwenden. Was Sie dafür jedoch erhalten, ist die ganze Mühe zweifelsohne wert.

Anleitung Ruhemeditation

Für die Ruhemeditation benötigen Sie nichts weiter als einen ruhigen Raum, in den möglichst keine Geräusche von außen eindringen, die Sie schnell ablenken könnten. Es ist auch hilfreich, möglichst alle Geräte abzustellen, die Sie aus der Meditation herausreißen könnten. Also schalten Sie Telefon und auch die Türklingel für diesen Zeitraum am besten aus oder lautlos. Ziehen Sie sich etwas Bequemes an und stimmen Sie sich auch gerne mittels Räucherstäbchen oder indem Sie eine Kerze anzünden oder mit etwas leiser Meditationsmusik im Hintergrund auf Ihre wohlverdiente Zeit der Ruhe ein.

Wie viel Zeit Sie für die Ruhemeditation benötigen, liegt ganz bei Ihnen. Planen Sie anfangs zunächst ungefähr 15-20 Minuten ein. Wenn Sie geübter werden und es entsprechend in Ihren Zeitplan einbauen können, können Sie die Ruhemeditation auch für einen längeren Zeitraum durchführen. Den richtigen Zeitpunkt können Sie ebenfalls am besten für sich selbst finden. Probieren Sie es aus, ob eher morgens nach dem Aufstehen, gegen Abend nach der

Arbeit oder kurz vor dem Schlafengehen für Sie passend ist.

Es ist äußerst wichtig, dass Sie nicht zwanghaft einen Zustand der Ruhe kreieren, sodass die Ruhe in einem eigenen Tempo von selbst entstehen kann. Das geschieht sobald wir aufhören zu denken, dass ein meditativer Zustand eine Sache ist, die man aktiv tun muss und man dabei aktiv versucht, jegliche Gedanken oder Reize, die wir während einer Meditation bemerken, zu verhindern. Sie sollten auch nicht erwarten, dass sofort während der Meditation automatisch die innere Ruhe entsteht, da Sie schließlich Vieles mit sich im Kopf in Gedanken herumtragen. Seien Sie also entsprechend geduldig mit sich selbst.

1. Setzen Sie sich aufrecht im Lotus- oder Schneidersitz hin, sodass Sie so länger bequem sitzen können, ohne dass etwas weh tut. Sie können auch gerne auf einem Kissen oder Meditationskissen Platz nehmen, aber auch auf einem Stuhl meditieren. In welcher Position Sie am besten aufrecht bequem sitzen, liegt bei Ihnen.

2. Lenken Sie Ihre Aufmerksamkeit auf Ihren Atem, um Ihren Geist zu beschäftigen. Atmen Sie langsam tief ein und wieder aus. Lassen Sie Ihren Atem einfach gewähren.
3. Als nächstes, wenn Sie merken, wie Sie selbst und auch Ihr Kopf langsam zur Ruhe kommen und sich Ihr Körper entspannt, stellen Sie sich vor, wie Sie beim Einatmen die Stille des Universums einatmen.
4. Beim Ausatmen stellen Sie sich vor, alles Alte loszulassen. Sie lassen Sorgen und Ereignisse der letzten Stunden oder Tage durch das Ausatmen los und lassen sie ziehen.
5. Sie atmen Stille ein, atmen Stress oder Hektik aus.
6. Spüren Sie, wie sich die Ruhe und Stille in Ihnen ausbreitet und allmählich Ihre Sorgen verschwinden?
7. Wenn Sie störende Gedanken wahrnehmen, die plötzlich während der Meditation aufkommen, betrachten Sie sie kurz und liebevoll, denn sie gehören zu Ihrem Leben. Anschließend schicken Sie diese Gedanken bewusst weg.

8. Atmen Sie weiter Stille ein und Altes aus. Bleiben Sie eine Weile dabei und genießen Sie die Ruhe.

9. Am Ende Ihrer Ruhemeditation machen Sie sich langsam die Schwere Ihres Körpers bewusst, während Sie weiterhin tief einatmen. Kehren Sie langsam aus der tiefen Entspannung zurück und legen Sie sich erst einmal auf den Rücken. Genießen Sie noch ein wenig das entspannte Gefühl Ihres Körpers und Ihres Geistes, bis Sie bereit sind, langsam Ihre Augen wieder ganz zu öffnen und die Ruhemeditation abzuschließen.

10. Es kann natürlich dazu kommen, dass Sie während der Ruhemeditation das tiefe Bedürfnis empfinden, einzuschlafen oder auch tatsächlich einschlafen, besonders, wenn Sie sich dazu entschieden haben, im Liegen zu meditieren. Das ist nichts Schlechtes, im Gegenteil: Das ist lediglich ein Zeichen, dass Sie sich vollkommen entspannt haben. Lassen Sie es also einfach geschehen.

Geistesruhemeditation

Die Geistesruhemeditation ist auch unter dem Namen 'Samatha-Meditation' bekannt. *Samatha* bedeutet zu Deutsch 'friedvolles Verweilen'. Der tibetanische Begriff für Samatha ist *shyiné*, der für Frieden und Beruhigung des Geistes und der Gedanken steht. In meditativen Praktiken bezieht sich Samatha auf Techniken, die das Beruhigen des Geistes unterstützen. Diese mit der Ruhemeditation eng verwandte Meditationsform hat ihren Ursprung in den buddhistischen Praktiken, genau genommen in der Theravada-Tradition, und hat das Ziel, den Geist zu beruhigen, indem man sich auf ein Objekt konzentriert. Negative Gedanken oder auch Gedankenströme und unruhige Gedanken lösen sich dadurch schließlich auf.

Das 'Objekt', auf das man sich bei dieser Meditationsform konzentriert, kann rein theoretisch alles Positive sein. Für gewöhnlich ist es die achtsame Atmung, allerdings kann man sich auch auf Anderes fokussieren, wie zum Beispiel auf ein inneres Bild, einen Duft, einen Gedanken, einen bestimmten Ton oder auch ein Mantra.

Durch diese Konzentration schließen wir Gedanken und Gefühle für den Moment aus, unsere Sinne kommen ebenfalls zur Ruhe, sodass sich positive Eindrücke sammeln können und unser Geist in einer allmählich ununterbrochenen Konzentration auf ein Objekt verweilt.

Aus diesem Grund ist die Samatha-Meditation nicht nur eine Meditation, um unseren Geist zu beruhigen, sondern gleichzeitig auch eine Konzentrationsmeditation, die auch unseren Geist stabilisiert. Buddha lehrte zu seiner Zeit die Samatha-Meditation selbst, jedoch stellte er fest, dass die Samatha-Meditation allein nicht für die Befreiung von Leiden unseres Geistes ausreicht. So etablierten sich die Ruhemeditation und die Geistesruhemeditation als Vorbereitung zur anschließenden Vipassana-Meditation, die uns lehrt, die Dinge so zu sehen, wie sie sind und Unklarheiten beseitigt, wobei die Samatha-Meditation und die Vipassana-Meditation gerne im Anschluss aneinander praktiziert werden. Zusammen bilden sie die zwei Säulen, die uns zu unserer Selbsterkenntnis oder auch zum sogenannten Erwachen führen, um frei von Leiden zu werden.

Durch die Geistesruhemeditation erfahren wir eine sehr

tiefe Entspannung und unser Geist kann sich vollständig sammeln. Mit der Zeit manifestiert sich eine Konzentration in verschiedenen Abstufungen, bis wir eine gedankliche Leere erfahren und schlicht einfach nicht mehr denken. Dadurch werden wir innerlich ruhig und friedlich.

Nach Culadasa, alias Dr. John Yates, einem ehemaligen Professor der Neurowissenschaft und seit vierzig Jahren praktizierenden Buddhist, hat die Samatha-Meditation fünf Charakteristiken: mühelose und stabile Aufmerksamkeit, kraftvolle Achtsamkeit, Freude, Ruhe und Gelassenheit. Die vollständige Geistesruhe resultiert aus der Arbeit mit stabiler Aufmerksamkeit und Achtsamkeit, bis Freude entsteht. Freude reift mit der Zeit in Ruhe und die Gelassenheit kommt aus der Ruhe.

In der Praxis der Geistesruhemeditation werden alle unsere Gedanken und Empfindungen als gleichbehandelt und angesehen, sodass nichts wichtiger und unwichtiger oder größer und kleiner oder besser und schlechter erscheint als das andere. Dadurch erhalten wir genug Abstand von unserem momentanen geistigen Zustand, was uns erlaubt, natürlich und ohne Mühe in die Ruhe zu gleiten. Damit unser Geist sich beruhigen kann, müssen wir die Bewertungen unserer geistigen Aktivität unterbrechen.

Wirkungen der Geistesruhemeditation

Die Geistesruhemeditation ist für jeden geeignet und kann für fast jeden Menschen, ganz gleich was für ein Persönlichkeitstyp man sein mag, sehr hilfreich sein. Wenn Sie motiviert sind und es somit auch wirklich wollen, können auch Sie die Geistesruhemeditation erlernen.

Das Einzige, was Sie noch dazu brauchen, ist der Wille, diese Meditationsform regelmäßig durchzuführen und der Wille, innerlich an sich selbst zu arbeiten, um innere Ruhe für sich zu schaffen. Dadurch erst werden sich langfristig negative Gefühle oder auch Gedanken, die man gerne mindern möchte, langsam auflösen können, denn der Erfolg der Samatha-Meditation hängt weniger von der Technik und dafür mehr von der eigenen Grundmotiviation und der Regelmäßigkeit ab.

Stellen Sie sich dazu drei Fragen:

1. Wollen Sie Ihre negativen Gedanken und Gefühle ins Positive verändern?
2. Wollen Sie Ihre innere Ruhe und Konzentrationsfähigkeit fördern?
3. Wollen Sie positiver auf Ihr Leben blicken können?

Wenn Sie alle drei Fragen mit 'Ja' beantworten können, sind Sie bereit, die Geistesruhemeditation zu erlernen.

Zahlreiche verschiedene Krankheitssymptome lassen sich durch die Geistesruhemeditation lindern. Dazu gehören Herz-Kreislauf-Krankheiten, das Burnout-Syndrom, Übergewicht, Angst, Schlafstörungen und viele mehr.

Indem die Geistesruhemeditation regelmäßig angewendet wird, ändern sich Emotionen und Gedanken gezielt, sodass Sie eine innere Gemütsruhe erleben. Nach und nach kann sich Ihr Geist von inneren Hindernissen und Blockaden befreien, sodass Sie wieder voller Kraft und Stärke glänzen. Durch die geistige Entspannung werden auch bei dieser Meditation vermehrt Glückshormone ausgeschüttet, sodass sich Stress reduziert und Sie gleichzeitig eine größere Stressresistenz aufbauen können, weswegen auch unter Umständen Symptome von Depressionen gemindert werden. Während der Meditation können Sie negative Gedanken einfach loslassen, was natürlich mit regelmäßiger Übung leichter fällt. Die Bedeutung negativer Erinnerungen und gleichzeitig von Zukunftsängsten relativiert sich, was Ihnen die Chance gibt, leichter durch Ihr Leben zu gehen. Mittels der wohltuenden Pause für Ihren Geist, Ihren Körper und Ihre Seele während der Geistesruhemeditation laden sich Ihre Energiereserven wieder auf. Sie können sich vollständig regenerieren, was Ihnen mehr Kraft für den Alltag schenkt.

Im Jahr 2012 stellte man fest, dass bereits jährlich 50 wissenschaftliche Untersuchungen zur Meditationsforschung mit steigender Tendenz durchgeführt werden. Eine dieser Studien stellte fest, dass durch die Geistesruhemeditation der Herzschlag verlangsamt und die Atmung vertiefter wird, Muskelspannungen nehmen ab. Nach ein paar Wochen regelmäßiger Anwendung der Geistesruhemeditation beschleunigt sich die Aktivität der Gamma-Wellen in unserem Gehirn, was man zuvor sonst nur bei Künstlern während kreativer Schaffensprozesse festgestellt hatte. Die Bereiche unseres zerebralen Kortex im Hirn, die für kognitive und emotionale Prozesse zuständig sind, verdicken sich. Besonders der linke Frontallappen unseres Gehirns, der unsere Gefühle steuert, wird aktiver. Der ganze Körper profitiert von der Geistesruhemeditation durch die Entspannung auch insoweit, dass sich der Bewegungsapparat entspannen kann. Muskeln und Knochen lockern sich durch die in der Meditation ausgelöste Energie.

Anleitung Geistesruhemeditation

Für die Geistesruhemeditation benötigen Sie ungefähr 45 Minuten Zeit an einem ruhigen Ort, an dem Sie für die Zeit völlig ungestört sein können. Es empfiehlt sich, generell bei Meditationen darauf zu achten, Telefone und Türklingeln lautlos oder auch ganz aus zu stellen, um nicht abrupt aus einer Meditation herausgerissen zu werden. Es sollte ein Raum sein, in dem Sie sich völlig wohl fühlen und der nicht zu warm oder stickig ist. Teilen Sie auch Familienangehörigen höflich mit, dass Sie für diese Zeit nicht gestört werden wollen. Stimmen Sie sich ein wenig auf die Zeit für sich ein, indem Sie etwas Bequemes tragen. Dämmen Sie das Licht, sodass Sie nicht in zu grellem Licht sitzen. Es wirkt sich positiv beruhigend auf Ihre Sinne aus, möglicherweise ein Räucherstäbchen oder auch eine Kerze anzuzünden. Einen geeigneten Zeitpunkt müssen Sie auch hierbei für sich selbst finden. Versuchen Sie zu vermeiden zu meditieren, wenn Sie einen vollen Magen haben oder unter Zeitdruck stehen.

Setzen Sie sich bequem aufrecht in den Schneider- oder Lotussitz oder auf einem Stuhl so hin, dass Sie in der Position problemlos für eine Zeit verweilen können.

Durchwandern Sie im Geist Ihren Körper und machen Sie sich Ihre Befindlichkeiten bewusst, indem Sie schauen, ob irgendwo etwas verspannt ist. Lösen Sie alle Verspannungen, die Sie bei sich auffinden.

Nun entschließen Sie sich für ein Meditationsobjekt, auf das Sie sich möglichst lange konzentrieren. Buddha zählte den Atem als einen von vierzig Meditationsobjekten auf, der aus diesem Grund am häufigsten dafür verwendet wird. Es kann aber auch ein Mantra sein (wie z.B. OM). Es ist Ihre Entscheidung, welches Sie für sich verwenden. Zu Anschauungszwecken bleiben wir in dieser Übung beim Atem.

Beobachten Sie Ihren Atem, ohne ihn aktiv beeinflussen zu wollen. Atmen Sie gleichmäßig durch Ihre Nase in Ihr Zwerchfell und konzentrieren Sie sich darauf, lang und tief auszuatmen. So entsteht ein leichter Druck im Unterleib, der das Einatmen einfach geschehen lässt.

Sie können auch die Beruhigung Ihres Geistes unterstützen, was Ihnen am Anfang sehr hilfreich sein wird, indem Sie Ihre Atmung zählen: 1 beim Ein- und Ausatmen, 2 beim nächsten Atemzug oder Ausatmen, usw. Sie können auch ein Wort denken, wie z.B. 'Atemempfindung' als wäre es ein Takt, den Sie mitzählen. Bleiben Sie möglichst entspannt und atmen Sie ganz natürlich.

Wenn Ihre Gedanken abdriften, leiten Sie Ihre Aufmerksamkeit sanft auf Ihren Atem zurück. Fokussieren Sie sich einfach wieder auf das Einatmen und das Ausatmen. Die Konzentration auf den Atem beschäftigt Ihren Geist ausreichend.

Kämpfen Sie nicht gegen aufkommende Geräusche oder Gedanken an, lassen Sie sich jedoch auch nicht von ihnen ablenken. Betrachten Sie diese ganz einfach, als wären es

Wolken, die nur an Ihnen vorüberziehen. Das ist nah an der essentiellen Geistesruhe, da wir zwar eine Art Störung durch entstehende Gedanken oder Gefühle bemerken, aber uns nicht daran festhalten, sondern ruhig und gelassen bleiben, wir unsere Aufmerksamkeit beibehalten und diese 'Störungen' als vorübergehendes Phänomen betrachten. Denn auch plötzlich aufkommende Gedanken sind nicht von Dauer.

Bleiben Sie ganz ruhig und entspannt bei Ihrem Atem. Es existiert nichts Anderes mehr, Ihr Geist kann nun ganz ruhig und klarwerden. Allmählich denken Sie nichts mehr und jegliche Aufregung oder Unruhe verschwinden

Bleiben Sie bei Ihrer Atmung und genießen Sie durch die Ruhe positive aufkommende Gefühle. Genießen Sie die Ruhe in Ihrem Geist an sich.

Atmen Sie am Ende Ihrer Samatha-Mediation tief ein. Langsam kehren Sie aus Ihrer Tiefenentspannung zurück und legen sich zunächst auf den Rücken. Genießen Sie das entspannte Gefühl Ihres Körpers und Ihres Geistes noch ein wenig, bis Sie Ihre Augen wieder ganz öffnen und die Geistesruhemeditation damit beenden.

Wie kann mir etwas so Einfaches wie das Schreiben von Tagebüchern langfristiges Glück und Zufriedenheit im Leben geben?

Die einfachste Definition eines Tagebuches ist die schriftlich festgehaltene Aufzeichnung von eigenen Gedanken, Ereignissen, Begegnungen und Beobachtungen, die man in seinem Leben macht. Darüber hinaus kann ein Tagebuch aber noch für hunderte andere positive Zwecke genutzt werden und Ihr Leben bereichern. Wenn Sie die richtige Technik beim Schreiben Ihres Tagebuches haben, dann kann es ein mächtiges Werkzeug sein, um sich schlechte Angewohnheiten abzugewöhnen oder wichtige Ziele in Ihrem Leben zu erreichen. Es kann Ihnen dabei helfen, neue Dinge zu entdecken und Altes wiederzuentdecken, die Qualität Ihrer Gedanken langfristig zu steigern, Ihr Leben zu organisieren und neue Strukturen in Ihr Leben einzuführen.

In einer chaotischen Welt bietet Ihnen ein Tagebuch den Luxus von Geheimnissen und persönlichem Genuss. In Ihrem Tagebuch können Sie völlig Sie selbst sein und Ihr wahres Ich zum Ausdruck bringen. Sie können all Ihren Emotionen freien Lauf lassen, ohne dabei das Gefühl zu haben, für Ihr wahres Ich verurteilt zu werden. Ihre Gedanken sind frei von dem Urteil anderer.

In einer Welt voller Beschränkungen können Sie sich frei fühlen. Sie müssen Ihre Gedanken nicht zwischen den Zeilen verstecken, sondern können absolut ehrlich sein. Es gibt keine Grenzen oder Limitationen für Ihre eigene Kreativität und deshalb gibt es keine Grenzen für das, was Sie tun oder sein können.

Das wahre Geheimnis und die unglaubliche Macht von Tagebüchern liegen nicht darin, sie anzufangen, sondern darin, sie zu einem Bestandteil Ihres Lebens zu machen. In diesem Buch werden Sie Schritt für Schritt lernen, wie Sie effektiv und langfristig Tagebücher schreiben können. Sie werden verschiedene Arten von Tagebüchern kennen lernen und erfahren, welche Art zu Ihnen passt.

Tagebücher zu schreiben hilft Ihnen, emotionale Intelligenz zu entwickeln

Kennen Sie das, wenn Sie sich einfach nicht wohl fühlen aber nicht genau sagen können, was Ihnen eigentlich fehlt? Ein Tagebuch zu schreiben hilft Ihnen, Ihre Emotionen besser zu verstehen. Dadurch werden Sie auf Dauer besser darin, sich selbst zu verstehen. Wenn Sie sich selbst besser verstehen, dann verstehen Sie auch andere besser und Ihre Empathie wird neue Höhen erreichen. Als Konsequenz steigert sich die Qualität Ihrer Beziehung zu sich selbst und Ihren Nächsten.

Tagebücher zu schreiben hilft Ihnen, selbstbewusster zu werden

Um qualitativ hochwertige Beziehung zu anderen Menschen aufzubauen, brauchen Sie zuerst eine gute Beziehung zu sich selbst. Auf ähnliche Weise werden Sie niemals etwas bekommen, von dem Sie nicht glauben, dass Sie es verdienen. Wenn wir ehrlich sind, muss man sagen, dass das Leben hart ist und jeden Tag gibt es hunderte von Gründen, um an uns selbst zu zweifeln. Ihre täglichen Erfolge, so klein sie auch sein mögen, in einem Tagebuch festzuhalten, wird Ihnen helfen, den Kopf nicht mehr hängen zu lassen und Herausforderungen mit erhobenem Haupt in Angriff zu nehmen

Jedes Mal, wenn Sie eine positive Entscheidung in Ihrem Leben treffen (z. B. den Nachtisch ausfallen zu lassen oder die Treppe statt dem Fahrstuhl zu nehmen) und jedes Mal, wenn Sie eine Aufgabe erfüllen (Die Wohnung oder Ihren Schreibtisch aufräumen) dann schreiben Sie dies in Ihr Tagebuch. Wenn sie dies tun, dann können Sie sich beim Durchblättern Ihres Tagebuchs daran erinnern, dass Sie in der Lage sind Aufgaben zu erledigen und positive

Entscheidungen zu treffen. Dies wird sie motivieren weiterhin auf diesem Pfad zu bleiben und die richtigen Entscheidungen zu treffen.

Tagebücher zu schreiben bringt Sie einen Schritt näher an Ihre Träume

Tagebücher zu schreiben hilft Ihnen nicht nur dabei, Ihre Ziele aufzuschreiben, sondern auch dabei, Ihren Fortschritt zu dokumentieren und nachzuvollziehen. Wenn Sie Ihre Ziele in Ihr Tagebuch schreiben, dann werden Sie gezwungen, diese auszuformulieren und klar zu spezifizieren. Ohne Träume aufzuschreiben, bleiben sie ein vager Gedanke in den Tiefen Ihres Geistes. Genau deshalb bringt ein Tagebuch Ihre Ziele und Träume zum Leben. Wenn Sie Ihre Ziele aufgeschrieben vor sich sehen, dann werden sie klar und wirken erreichbarer. Außerdem können Sie in Ihrem Tagebuch kleine und greifbare Zwischenziele definieren.

Darüber hinaus werden Sie durch das tatsächliche Aufschreiben Ihres Ziels Ihr Unterbewusstsein stimulieren und ihm zeigen, dass dieses Ziel Ihnen wichtig ist. Ihr Geist wird im Alltag Möglichkeiten sehen, Ihrem Ziel näher zu kommen, wo Sie vorher keine gesehen hätten.

Tagebücher zu schreiben gibt Ihnen ein Gefühl von Eigenverantwortlichkeit und Selbstdisziplin

Selbstdisziplin bauen Sie auf, indem Sie sich gute Gewohnheiten aneignen. Sich jeden Tag kurz Zeit zu nehmen um etwas in Ihr Tagebuch zu schreiben ist schon an für sich ein gutes Training für Ihre Selbstdisziplin. Wenn Sie das schaffen, dann schaffen Sie es auch, Ziele zu erreichen, die mehr Disziplin erfordern. Wie oben beschrieben, wird Ihnen das tatsächliche Aufschreiben von Zielen ein Gefühl von Dringlichkeit geben, diese auch zu erreichen. Das tägliche Aufschreiben von Erfolgen wird Sie außerdem daran erinnern, wie weit Sie schon gekommen sind und das wird Ihnen helfen weiterzumachen.

Tagebücher zu schreiben hilft Ihnen dabei, achtsamer zu werde

Achtsam zu sein heißt, im Jetzt und damit frei von dem Einfluss vergangener Misserfolge und der Angst der Zukunft zu sein. Wenn Sie Ihre gegenwärtigen Gedanken in Ihr Tagebuch schreiben, dann können Sie sich völlig auf den Moment konzentrieren und alles andere für kurze Zeit vergessen.

Tagebücher zu schreiben hilft Ihnen dabei, die Weisheiten des Lebens zu erkennen

Das Leben ist eine Reihe von Lektionen, die Sie selbst erfahren müssen, um sie zu verstehen. Viel zu oft passiert es uns, dass wir zu sehr mit dem Alltäglichen beschäftigt sind und die Lehren des Lebens übersehen. Ihre Erfahrungen in Ihr Tagebuch zu schreiben, ermöglicht es Ihnen, Ereignisse und Beziehungen beim Nachlesen aus einer anderer Perspektive zu sehen und über die Lehren, die Sie aus diesen ziehen können, nachzudenken. Durch ein Tagebuch sind Sie in der Lage, Ihre vergangenen Taten besser zu beurteilen. Mit diesem Wissen können Sie alten Fehlern ausweichen und ein besseres Leben führen.

Ein Tagebuch zu schreiben hilft Ihnen dabei, sich selbst kennen zu lernen

Jeden einzelnen Tag über die Ereignisse und Menschen um Sie herum zu schreiben und zu dokumentieren, wie diese Dinge Sie selbst beeinflusst haben, hilft Ihnen dabei, zwischen den positiven und negativen Ereignissen und Menschen in Ihrem Leben zu unterscheiden. Auch Ihre eigenen Verhaltensweisen werden Ihnen klarer (z. B. warum Sie immer wieder die falsche Person für eine Beziehung wählen). Dadurch kann Ihr Tagebuch eine essentielle Rolle darin spielen, dass Sie auf Dauer zufrieden in Ihrem Leben sind.

Ein Tagebuch zu schreiben ist eine effektive Methode, um Stress zu verringern

Ein Tagebuch zu schreiben ist eine sichere Methode, um Ihre negativen Emotionen und Ängste auf eine sichere Art loszuwerden. Wenn wir ein Problem oder eine Angst von uns tatsächlich aufschreiben, dann haben wir eine andere Perspektive darauf und uns wird oft klar, dass wir unsere Probleme größer gemacht haben, als Sie eigentlich sind. Außerdem können Sie in Ihrem Tagebuch immer in eine Zeit zurückkehren, in der Sie sich sicher gefühlt haben. Hier finden Sie einen Rückzugsort, der Ihnen neue Kraft geben kann und Sie sehen, dass das Leben auch schöne Seiten zu bieten hat.

Ein Tagebuch zu schreiben hilft Ihnen dabei, Ihre Probleme zu lösen

Wenn Sie Ihre Probleme aufschreiben, dann hören Sie auf, sich auf das Problem zu konzentrieren und fangen an, über eine Lösung nachzudenken. Meistens fixieren wir uns viel zu sehr auf das Problem und die schlimmen Dinge, die daraus entstehen könnten. Wenn Sie das Problem erst einmal aufgeschrieben haben, dann können Sie anfangen, darüber nachzudenken, was Sie tun können, um in eine bessere Position zu kommen.

Ein Tagebuch zu führen hilft Ihnen außerdem dabei, die richtige Perspektive auf das Leben zu bekommen. Sie sehen, dass frühere Misserfolge oft nur eine Lektion waren und uns heutzutage mehr Positives als Negatives bringen. Dadurch ändert sich auch Ihr Umgang mit neuen Herausforderungen und Misserfolgen.

Ein konkreter Weg, um Probleme durch das Führen von Tagebüchern zu lösen, ist es, ein großes Problem in kleinere händelbare Probleme zu zerlegen und diese einzeln zu bearbeiten.

Ein Tagebuch zu schreiben hilft Ihnen dabei, gewandter in Ihrer Sprache zu werden

Wenn sie nach einiger Zeit merken, wie leicht es Ihnen fällt, sich in Ihrem Tagebuch auszudrücken, dann gibt Ihnen das das Selbstbewusstsein, Ihrer Sprache und Ihrem Schreiben zu vertrauen. Außerdem werden Sie durch das viele Schreiben angeregt, neue Wörter zu lernen und diese auch zu nutzen. Dadurch verbessert sich Ihr Umgang mit der Sprache in jeder Lebenslage.

Ein Tagebuch zu führen hilft Ihnen dabei, Ihr Gedächtnis zu verbessern

Die heutige Psychologie weiß, wie anfällig unser Gedächtnis für Störungen ist und wie leicht unsere Erinnerungen verzerrt werden können. Ein Weg, um sich ihrer Erinnerungen sicher zu sein, ist es, diese aufzuschreiben. Dadurch können Sie die Wahrheit nachlesen und lassen sich nicht von Ihrem eigenen Gedächtnis reinlegen. Außerdem können Sie Ihre Erlebnisse viel detailreicher aufschreiben, als Sie sie jemals langfristig erinnern könnten. Dadurch steigern Sie Ihr Auge fürs Detail und Ihre Fähigkeiten im Beobachten von Ereignissen steigert sich stetig.

Ein Tagebuch zu führen hilft Ihnen dabei, Ängste zu überwinden und alte Wunden zu schließen

Umso mehr Sie Ihren Ängsten, Sorgen und negativen Gedanken erlauben, Ihren Geist zu foltern, umso größer werden Sie. Ein Tagebuch zu führen, in dem Sie Ihre Ängste und Sorgen, aber auch Erfolge und positive Gefühle festhalten, hilft Ihnen dabei, die Balance zu halten und zu sehen, dass es mehr im Leben gibt als Angst und Sorge. Außerdem können Sie versuchen, Ihre wiederkehrenden Sorgen umzuformulieren und eine neue Perspektive auf diese zu gewinnen.

Ein Tagebuch zu schreiben hilft Ihnen dabei, Ihre Kreativität zu steigern

Ein Tagebuch ist eine effektive Hilfe, um Ihren persönlichen und einzigartigen Schreibstil zu entdecken und zu kultivieren. Sie können verschiedene Stile ausprobieren und sehen, welcher zu Ihnen passt. Außerdem wird das tägliche Schreiben zu einer Gewohnheit und es fällt Ihnen leichter, in einen Schreibfluss zu gelangen.

Ein Tagebuch hilft Ihnen dabei, Ihre Ideen festzuhalten. Ihr Kurzzeitgedächtnis ist begrenz und kann nicht unbedingt alle guten Ideen, die Sie haben, speichern. Sehen Sie Ihr Tagebuch als Schatzkiste voller guter Ideen und Informationen, die Sie nutzen können, um Ihr Leben zu verbessern. Jedes Mal, wenn Sie ein Ereignis beschreiben, werden Sie besser darin, sich auszudrücken und es gelingt Ihnen ein neuer kreativer Kunstgriff beim Schreiben.

Auch wenn Sie kein Autor werden wollen und Ihnen Ihre Schreibfertigkeiten nicht so wichtig sind, ist ein Tagebuch zu führen, ein großartiger Weg, um Ihre Kreativität zu steigern. Sie werden Im Alltag immer auf der Suche nach Neuem sein, dass Sie in Ihr Tagebuch eintragen können und dadurch sehen Sie jeden Tag neue Möglichkeiten. Durch das Erlangen von neuen Perspektiven generieren Sie ganz neue Ideen und Ihre Sicht auf die Welt wird reichhaltiger.

Ein Tagebuch zu führen hilft Ihnen dabei, Ihr Leben nicht aus den Augen zu verlieren

Alles ist vergänglich. Jeder Moment verschwindet allzu schnell. Jeden Tag vergessen Sie alte Erinnerungen und jeden Tag verlieren Sie einen kleinen Teil Ihres Lebens. Ein Tagebuch hilft Ihnen, die schönsten und wichtigsten Momente Ihres Lebens festzuhalten, damit Sie in schweren Zeit Kraft aus ihnen ziehen können.

In einigen Jahren sind Sie vielleicht eine ganz andere Person und verlieren den Bezug zu Ihrem jetzigen Ich. Das Schlimmste, was uns passieren kann, ist, jeden Morgen in den Spiegel zu schauen und einen Fremden zu sehen. Sie fragen sich „Wie bin ich zu dieser Person geworden?“ oder „Was habe ich bloß falsch gemacht?“ Ein Tagebuch hilft Ihnen, Ihren persönlichen Weg im Leben zu dokumentieren. Dadurch können Sie Ihr Leben reflektieren und jeden Moment und jede Begegnung identifizieren, die Sie zu dem gemacht haben, was Sie heute sind.

Das klingt alles gut, aber worüber soll ich denn schreiben?

Es gibt viele Arten von Tagebüchern und Möglichkeiten, Ihr Leben zu dokumentieren. Die verschiedenen Arten kennen zu lernen wird Ihnen dabei helfen, die passende Art zu wählen. Sie sollten aber nie vergessen, dass es beim Schreiben von Tagebüchern keine festen Regeln gibt. Sie können alle Arten frei miteinander verbinden oder eine ganz neue Methode entwickeln. Die Hauptsache ist, dass Sie eine persönliche Dokumentation haben, von der Sie mit Stolz behaupten können, dass es Ihre ist.

Die Memoiren

Diese Art von Tagebüchern sind eine Aufzeichnung der persönlichen Lebensgeschichte. Die meisten Menschen schreiben ihre Memoiren in einer besonderen Zeit Ihres Lebens (z. B. im Ruhestand oder während der Schwangerschaft). Im Vergleich zu einer Autobiografie sind die Memoiren ein weniger formales Format.

Die Autobiografie

Die Autobiografie ist sehr ähnlich zu den Memoiren, aber in einem formaleren Format. Diese Art von Tagebuch wird meistens durchgeführt, um eine Selbsteinschätzung des Lebens zu erhalten.

Das Tagebuch

Hier können Sie Ihre täglichen Erfahrungen aufschreiben. So können Sie hier beispielweise Ihre täglichen Herausforderungen dokumentieren. Zu einem Tagebuch gehören neben der Beschreibung der Ereignisse auch eine Beschreibung, was diese in einem selbst ausgelöst haben. Hier sollten Sie möglichst ehrlich Ihre eigenen Gefühle und Gedanken aufschreiben. Da ein Tagebuch meist sehr privat ist, bietet es sich immer an, es besonders geschützt aufzuheben. Dabei kann auch eine elektronische Version, welche passwortgeschützt ist, helfen.

Das tägliche Logbuch

In Ihrem täglichen Logbuch beschreiben Sie Ihre alltäglichen Erlebnisse in einer geordneten Art und Weise.

Dies dient vor allem dazu, Ihre Verhaltensweisen und Gewohnheiten zu erkennen und zu evaluieren. Hier können aber auch besondere Ereignisse aufgelistet werden, die am Tag passieren.

Das Hobby-Logbuch

Das Hobby-Logbuch ist eine Subgruppe des täglichen Logbuches. Hier werden alle Erlebnisse und Tätigkeiten beschrieben, die in Verbindung mit dem Hobby stehen. Dabei sollten sowohl Ziele als auch der tägliche Fortschritt dokumentiert werden.

Das Ideen-Tagebuch

Manchmal haben wir in den verrücktesten Situationen die besten Ideen, die aber auch schnell wieder verschwinden. In Ihrem Ideen-Tagebuch können Sie genau diese Ideen festhalten. Dazu sollten Sie entweder immer ein kleines Notizbuch mit Stift dabeihaben oder eine entsprechende elektronische Version auf Ihrem Handy nutzen.

Das Inspirations-Tagebuch

Das Inspirations-Tagebuch umfasst alles, was Sie inspiriert und begeistert. Ob es etwas ist, was Ihr Kind gesagt hat, ein Zitat aus Ihrem Lieblingsbuch oder Film oder der Sonnenuntergang, den Sie heute gesehen haben. In diesem Tagebuch schreiben Sie alles auf, was Ihnen Inspiration und Energie gibt. Wenn Sie dann schwierige Zeiten durchleben oder es Ihnen an Motivation fehlt, schlagen Sie einfach in Ihrem Tagebuch nach und schöpfen neue Kraft.

Das Lern-Logbuch

Diese Form ist besonders für Studenten und professionelle Zwecke geeignet. Hier können Sie alle Entdeckungen, Ideen und Beobachtungen zu Ihrem beruflichen Feld aufschreiben. Sie können hier auch ihre Karriereschritte aufschreiben und nachverfolgen. Durch dieses Tagebuch können Sie sich in Ihr Fachgebiet vertiefen und erfolgreicher werden.

Das kreative Tagebuch

Wird auch oft als Gedankenfluss-Tagebuch bezeichnet.

Der Hauptzweck ist es, Ihren Geist zu leeren. Hier sollen Sie sich von allem bewussten Denken lösen und einfach die Wörter aufschreiben, die Ihnen einfallen. Dadurch ergibt sich ein Gedankenfluss, der Sie in einen fast meditativen Zustand bringen kann. Oft finden sich auch gerade hier sehr kreative Sätze und Wahrheiten über einen selbst.

Das Traum-Tagebuch

Träume sind eines der faszinierendsten Dinge, die wir als Menschen erleben. Ob man nun daran glaubt, dass Sie uns etwas über unser Unterbewusstsein sagen oder nicht. Das Erinnern und Aufschreiben von unseren Träumen hat etwas Magisches. Als Bonus werden Sie mit der Zeit immer besser darin, sich an Ihre Träume zu erinnern.

Das Erinnerungs-Tagebuch

Dieses Tagebuch sollten Sie nutzen, um Ihre Vergangenheit wieder ans Tageslicht zu bringen. Denken Sie aktiv über Ihre Vergangenheit nach und schreiben Sie alles auf, was Ihnen einfällt. Oft erinnern wir uns auch spontan an einen Moment unserer Kindheit, den wir schon lange vergessen haben. Wenn Sie diese Gedanken systematisch aufschreiben, dann werden Sie nach und nach ein viel konsistenteres und reichhaltigeres Bild Ihrer Vergangenheit bekommen.

Das Dankbarkeits-Tagebuch

Was hat Sie heute zum Lächeln gebracht? Für ein Dankbarkeitstagebuch nehmen Sie sich jeden Tag ein paar Minuten Zeit, um aufzuschreiben, für was Sie heute dankbar sind. Dabei ist es egal, ob es etwas Großes ist, wie z. B. der abgeschlossene Geschäftsdeal, oder etwas ganz Alltägliches, wie die Möglichkeit, sich mit seinen Freunden zu treffen. Dadurch entwickeln Sie nach und nach eine positivere Sicht auf das Leben.

Das Geburtstags-Tagebuch

In dieses Tagebuch schreiben Sie nur einmal im Jahr. Das kann Ihr Geburtstag sein, muss es aber nicht zwangsläufig. Hier können Sie alle Erfahrungen und Beobachtungen über das vergangene Jahr aufschreiben und mit dem letzten vergleichen. Hat sich etwas an Ihnen verändert? Welche Veränderungen waren positiv und welche negativ? Wie sehr haben sich Ihre Position, Ihr Status und Ihre Werte im Vergleich zum letzten Jahr verändert. Es bietet sich an, auch Fotos oder andere visuelle Eindrücke in dieses Tagebuch zu kleben. Oft wird diese Art von Tagebuch von Eltern verwendet, die es für ihre neugeborenen Kinder anfangen. Ab einem bestimmten Alter wird den Kindern die Aufgabe überlassen, das Tagebuch fortzuführen.

Das spirituelle Tagebuch

Eine Erzählung Ihres spirituellen Werdegangs können Sie in Ihr spirituelles Tagebuch schreiben. Ob es Textpassagen sind, die Sie besonders bewegen oder vielleicht sogar ein Gebet, welches Sie für sich entdeckt haben. Hier gehört alles rein, was Ihnen spirituelle Kraft liefert.

Falls Sie nicht viel für Spirituelles übrighaben, bietet sich als Alternative an, Ihre eigenen philosophischen Gedanken aufzuschreiben oder Ihre liebsten Zitate zu sammeln.

Das Reise-Tagebuch

Reisetagebücher sind sicher einer der verbreiteten Arten von Tagebüchern. Hier beschreiben Sie Ihre Zeit auf Reise. Alle Anekdoten, Begegnungen, Erfahrungen und Lieblingsplätze. Fotos und Zeichnungen sind hier sehr empfehlenswert. Dadurch machen Sie die Erinnerung an Ihre Reise unsterblich.

Das Gesundheits-Tagebuch

Ist besonders empfehlenswert für Personen mit chronischen Krankheiten. Es können die Fortschritte, Rückschläge und generell der Verlauf der Krankheit erfasst werden. Aber natürlich können auch gesunde Personen ein Gesundheits-Tagebuch führen. Auch Ihr tägliches Energielevel können Sie hier festhalten. In Verbindung mit ein paar Angaben über den vorherigen Tag können Sie dadurch viel darüber lernen, wie Sie sich selbst fit halten können.

Als Unterkategorie zählt hier auch ein Workout-Tagebuch. Dabei können Sie Ihre Trainingsroutine aufschreiben und festhalten, wann Sie Sport machen und welche Fortschritte

Sie machen. Auch Ihre Kalorien können Sie hier festhalten und dadurch mehr Erfolg beim Abnehmen erzielen.

Wie fange ich mit dem Tagebuchschreiben an?

Wählen Sie Ihre Waffe

Gefällt Ihnen das Schreiben mit einem Stift auf Papier? Oder Tippen Sie lieber auf Ihrem Computer?

Das Wichtigste, wenn Sie gerade anfangen, Ihr Tagebuch zu schreiben, ist, dass Sie etwas haben, worauf Sie schreiben können. Das Geheimnis, um die richtige Wahl zu treffen, liegt darin, die Methode zu wählen, die Ihnen das meiste Vergnügen und die größte Inspiration verschafft. Wenn sie am liebsten mit riesigen Buntstiften an Ihre Hauswand malen, dann tun Sie das! Es gibt keine festen Regeln, aber natürlich gibt es bei der genannten Methode auch einige offensichtliche Nachteile. Probieren Sie am Anfang ruhig mehrere Methoden aus und schauen Sie, womit Sie am besten zurechtkommen. Auch wenn es keine Regeln gibt, ist es sehr wichtig, dass Sie Ihre Unterlagen auf irgendeine Art organisieren. Natürlich können Sie Ihre Tagebucheinträge auf Servietten schreiben, aber Sie sollten dann diese auch gesammelt in einer Schachtel sammeln, damit Sie nicht verloren gehen.

Übliche Methoden zum Schreiben von Tagebüchern

Notizbuch-Tagebücher

Ein Vorteil davon, Ihr persönliches Tagebuch in einem Notizbuch festzuhalten, ist, dass Ihnen das Aufschreiben mit einem Stift ein Gefühl von Kontrolle geben kann. Handgeschriebene Wörter sind intimer. Außerdem kann Sie das Schreiben in einen meditativen Zustand bringen, der sehr heilsam für Geist und Seele sein kann. Tagebücher auf Papier können nicht beim Absturz des Computers verloren gehen, dafür sind Sie schwerer aufzubewahren und benötigen gegebenenfalls relativ viel Platz. Außerdem können auch diese z. B. durch einen Brand verloren gehen.

Wenn Sie sich für diese Methode entscheiden, müssen Sie noch zwischen einem gebundenen Notizbuch und losen Zettel wählen. Etwas Gebundenes bietet mehr Sicherheit und Organisation. Dafür sind Sie bei losen Zetteln flexibler und eventuell sogar kreativer.

Computer-Tagebuch

Der größte Vorteil ist hier, dass Sie Ihre Einträge mit verschiedenen Tools und Programmen nach Belieben gestalten und verändern können. Dadurch sehen Ihre Einträge hochwertig aus. Die Schattenseite hierbei ist aber, dass Ihre Einträge das Authentische und Rohe verlieren, das bei einem Papiertagebuch ein großer Vorteil ist. Bei elektronischen Daten können Sie diese aber zusätzlich im Internet sichern und damit die größtmögliche Sicherheit erzeugen.

Wenn Sie der Typ Mensch sind, der stets seinen Laptop dabeihat, dann können Sie einige Programme nutzen, um Ihnen das Schreiben Ihres Tagebuches zu erleichtern. Penzu und DayOne sind zwei dieser Programme. Auch OneNote ermöglicht es Ihnen, ganz einfach Videos und Bilder zu Ihren Einträgen hinzuzufügen. Sie können auch direkt einen Blog im Internet schreiben. Dies machen Sie beispielweise über WordPress oder Tumblr. Dadurch können Sie Ihre Einträge anonym mit Leuten aus der ganzen Welt teilen und Meinungen sammeln. Natürlich gibt es hier auch private Einstellungen, damit nur Sie

Zugriff auf Ihre Einträge haben.

Audio-Tagebuch

Eine eher alte Methode, um die täglichen Erlebnisse festzuhalten, ist die eines Audio-Tagebuches. Hier nehmen Sie Sprachnachrichten mit einem Aufnahmegerät auf. Empfehlenswert ist diese Methode für Leute, die keine Zeit haben, um ein schriftliches Tagebuch zu führen. Es gibt auch einige Menschen, die besser darin sind, Ihre Gefühle und Gedanken verbal auszudrücken. Ein schönes Detail hier ist, dass Sie beim Anhören von alten Aufnahmen Ihre eigene Stimme hören, was ein ganz besonderes Gefühl von Vertrautheit schafft.

Visuelles Tagebuch

Visuell geprägte Menschen sind besser darin, sich über Bilder und Zeichnungen auszudrücken. Dies ist ein ganz anderes Erlebnis als eine lineare und geordnete Satzstruktur. Hier können Fotos, eigene Zeichnungen, Zeitungsartikel oder auch Menükarten vom Lieblingsrestaurant eingeklebt werden. Besonders oft wird diese Methode beim Reisetagebuch verwendet.

Machen Sie das Schreiben zur Gewohnheit

Nachdem Sie das Medium für Ihr Tagebuch gewählt haben, müssen Sie sich entscheiden, wie oft Sie Ihr Tagebuch aktualisieren und neue Einträge hinzufügen wollen. Wenn Sie sich dazu entscheiden, täglich Einträge zu schreiben, dann sollten Sie auch eine bestimmte Zeit festlegen, wann dies passieren soll. Diese sollte an Ihr Leben angepasst sein und es Ihnen erlauben, das Schreiben zur Routine zu machen. Wenn Sie also ein Frühaufsteher sind, dann nehmen Sie sich doch morgens 15 Minuten Zeit für ihr Tagebuch. Wenn Sie ein Nachtmensch sind, sollten Sie vielleicht lieber abends nach der Arbeit Ihr Tagebuch führen. Wichtig ist hier auch, dass Sie in der Zeit ungestört sind und sich völlig auf Ihr Tagebuch konzentrieren können. Am besten gehen Sie dafür an einen Ort, der Sie entspannt und inspiriert. Wenn Sie alle Entscheidungen getroffen haben, dann fangen Sie an, das Schreiben zur Gewohnheit zu machen und sehen Sie dabei zu, wie es Ihr Leben verändert!

Vergessen Sie nicht das Datum

Ihre Einträge mit einem Datum zu versehen hilft Ihnen bei der Organisation und der zeitlichen Ordnung Ihres Tagebuchs. Dies ist vor allem wichtig, wenn Sie planen, alte Einträge oder Memoiren zu veröffentlichen.

Denken Sie auf dem Papier

Anstatt zu schreiben, sollten Sie auf dem Papier denken. Es gibt keine Regeln beim Tagebuch führen. Wovon Sie aber ungemein profitieren werden, ist absolut ehrlich zu sein. Zensieren Sie nicht Ihre eigenen Gedanken und lassen Sie stets die absolute Wahrheit sprechen. Auch wenn das manchmal schwer ist.

Welche Techniken kann ich in meinem Tagebuch nutzen?

Satzvervollständigung

Bei dieser Technik müssen Sie nur die Lücken in einem fertigen Satz ausfüllen.

Beispiel: Mein größter heutiger Erfolg war____________.

Nachdem Sie die Lücke ausgefüllt haben, schreiben Sie noch einen kurzen Text, indem Sie Ihren Erfolg erklären.

Wie fühlen Sie sich nach diesem Erfolg?

Hat Ihnen vielleicht jemand besonders dabei geholfen, Ihr Ziel zu erreichen?

Welche Charaktereigenschaften haben Sie, die Ihnen zu diesem Erfolg verholfen haben?

Clustering

Fangen Sie mit einem zentralen Begriff an.

Beispiel: Liebe

Danach verknüpfen Sie dieses Wort mit anderen Worten, die Sie assoziieren.

Beispiel: Familie, Kinder, Freunde

Sie können auch die Begriffe umkreisen und mit Linien verbinden.

100-Listen

Wählen Sie ein Thema.

Beispiel: 100 Dinge, die ich tun möchte, bevor ich sterbe.

Danach versuchen Sie, die Liste zu vervollständigen. Sie werden schnell merken, dass sich Einträge wiederholen und sich Muster abzeichnen. Durch das Erkennen dieser Muster lernen Sie etwas über sich selbst. Sie lernen, wo Ihre Prioritäten liegen und das hilft Ihnen wiederum dabei, Ihr Leben zu gestalten

Beispiel:

Einer Lesegruppe beitreten

Eine Rockband gründen

Nach dem Anschauen aller Einträge fällt Ihnen auf, dass es Ihnen wichtig ist, zu einer Gruppe zu gehören.

Intervall-Schreiben

Der Zweck dieser Technik ist es, eine hohe Qualität an Fokus und Intensität beizubehalten, indem Sie in stoßartiger Art und Weise schreiben. Die Technik eignet sich vor allem für Leute mit wenig Zeit.

Beispiel:

Setzen Sie sich einen Alarm auf fünf Minuten und schreiben Sie alles Wichtige auf, das Ihnen heute passiert ist.

Alphapoetry

Wählen Sie ein Thema und stellen Sie es dar, indem Sie die Buchstaben des Themas für einzelne Sätze verwenden.

Beispiel: LIEBE

Lust

Intimität

Eleganz

Behutsamkeit

Energie

Briefform

Kommunizieren Sie mit sich selbst in Form eines Briefes.

Beispiel: Liebes Selbst, ...

Zeitmaschiene

Denken Sie über die Dinge nach, die Sie gerne Ihrem Selbst von vor 10 Jahren gesagt hätten. Schreiben Sie diese Dinge in einem Brief an Ihr jüngeres Ich auf.

Wenn Sie alte Einträge dieser Art lesen, lernen Sie viel darüber, warum Ihr Vergangenheits-Ich die Entscheidungen getroffen hat, die Sie zu Ihrer jetzigen Lage geführt haben.

Charakterbeschreibung

Hier malen Sie ein Portrait mit Worten. Mit welchen Wörtern würden Sie Ihre Augen beschreiben? Ihre Lippen? Ihre Hände? Ihre Füße?

Sie können auch bestimmte Gefühle personifizieren.

Beispiel:

Eine Depression ist ein schwerer, sich langsam bewegender Mann.

Dialog

Wenn Sie Ihre Einträge aus zwei Sichtweisen schreiben, können Sie eigene Konflikte lösen.

Beispiel:

Was würde mein konservatives Ich sagen?

Was würde mein abenteuerlustiges Ich sagen?

Hören Sie gleichermaßen auf beide Stimmen und wägen Sie die Vor- und Nachteile ab.

Ansichtssache

Schreiben Sie ein Ereignis aus der Ansicht einer anderen Person auf. Das hilft Ihnen dabei, Empathie zu entwickeln und engere Verbindung zu anderen Menschen aufzubauen.

Beispiel:

Wenn ich meine Mutter wäre, hätte ich mich in dieser Situation folgendermaßen gefühlt: ….

Stress Tipps

TIPP 1

Konzentrieren Sie sich auf eine Sache

Versuchen Sie, sich stets um nur eine Sache zu einer Zeit zu kümmern. Häufig entsteht Stress dadurch, dass wir uns um zu viele Anliegen gleichzeitig kümmern. Wenn Sie Ihren Fokus auf eine Sache legen, werden Sie nicht nur weniger Stress verspüren, Sie werden auch bessere Ergebnisse liefern können.

Wenn Sie Aufgaben erledigen, die Multi-Tasking erfordern, nehmen Sie sich extra Zeit für sie. Achten Sie aber darauf, dass Sie den Großteil des Tages mit einzelnen Aufgaben verbringen.

TIPP 2

Schreiben Sie alles auf

Um zu vermeiden, dass Sie ständig darum bangen müssen, wichtige Aufgaben und Ideen zu vergessen, sollten Sie alles aufschreiben. Auch das Führen einer To-Do-Liste kann von Vorteil sein.

Auf diese Weise vergessen Sie nicht nur weniger, Sie können Ihren Geist auch befreien. Sie können sich wieder auf einzelne Aufgaben konzentrieren und Ihren Fokus zurückgewinnen. Die ständige Sorge, etwas zu vergessen, kann sehr viel Stress mit sich bringen.

TIPP 3

Halten Sie Ihre To-Do-Liste kurz

Eine große Liste von Aufgaben kann einschüchternd wirken und damit Stress in Ihnen auslösen. Erkennen Sie, welche Aufgaben wirklich wichtig sind und setzen Sie Prioritäten. Es reicht vollkommen aus, wenn Sie sich an einem Tag auf 2-3 Aufgaben konzentrieren.

Sie werden merken, dass es hilft, die Konzentration auf wenige Anliegen zu bündeln. Es fühlt sich besser an, wenn Sie 3 wichtige Aufgaben erledigen können, anstatt nur einen kleinen Teil einer langen To-Do-Liste abzuarbeiten.

TIPP 4

Machen sie aus einer Mücke keinen Elefanten

Machen Sie Ihre Probleme nicht dramatischer, als sie wirklich sind. Erschaffen Sie auch keine Probleme aus unwichtigen Dingen. Steigern Sie sich nicht in etwas hinein.

Wenn ein Problem entsteht, halten Sie inne. Überlegen Sie genau, welchen Stellenwert dieses Problem hat. Wird das Problem in einer Woche oder einem Monat noch eine Bedeutung haben?

Vielleicht können sie das Problem mit Leichtigkeit lösen oder in manchen Fällen auch einfach ignorieren. Seien Sie realistisch und lassen Sie sich nicht von Ihren negativen Gedanken leiten.

TIPP 5

Konzentrieren Sie sich auf die Lösung

In den meisten Fällen ist die Lösung eines Problems simpel. Schieben Sie die Probleme nicht auf die lange Bank. Wenn Sie immer alles aufschieben, werden sich die Probleme nur häufen. Der Stress entsteht dann, wenn Sie den Überblick verlieren.

Wenn Sie sich darüber im Klaren sind, dass ein Problem gelöst werden muss, dann kümmern Sie sich darum, dass dies passiert. Sie sollten 70% Ihrer Zeit nutzen, um Ihren Fokus auf Lösungen zu lenken.

Kleine Probleme, für die Sie schnell eine Lösung finden können, müssen Sie angreifen. Sie können in kurzer Zeit viele kleine Stressquellen eliminieren und Ihre innere Ruhe wird davon profitieren.

TIPP 6

Fragen statt vermuten

Sprechen Sie Probleme an. Sie verschwenden Ihre kostbare Zeit, wenn Sie nur Vermutungen anstellen. Wenn ein Problem mit einem Mitmenschen auftritt, fangen Sie an zu kommunizieren. Es wird Ihre Bindung stärken und Sie können die Probleme schneller aus der Welt schaffen.

Oft entstehen durch Vermutungen auch Probleme an Stellen, an denen keine existieren. Sie steigern sich hinein und vergessen vollkommen, warum Sie die Vermutung in erster Linie angestellt haben. Lassen Sie keine unnötigen Sorgen entstehen. Seien Sie auf der sicheren Seite und suchen Sie den Austausch.

TIPP 7

Bereiten Sie Ihren Morgen vor

Wenn Sie sich mit morgendlichen Anliegen bereits am Abend beschäftigen, können Sie sehr viel Stress im Vorfeld beseitigen. Packen Sie zum Beispiel Ihre Tasche für die Arbeit bereits am Abend. So haben Sie mehr Ruhe am Morgen und können sich auf Ihr Seelenwohl konzentrieren.

Sie kennen sicher den Stress, der am Morgen durch kurzfristige Anliegen entsteht. Sie hetzen sich ab, um pünktlich zur Arbeit zu kommen und Ihr gesamter Tag leidet darunter. Sie haben das Gefühl, mit dem falschen Fuß aufgestanden zu sein.

Nehmen Sie sich die Zeit, um entspannt aufzuwachen und erledigen Sie Ihre Anliegen bereits abends.

TIPP 8

Machen Sie Pausen

Es ist wichtig, eine Balance zwischen Arbeit und Pausen zu finden. Wenn Sie hart arbeiten, ist es wichtig, auch Ruhe zu genießen, um neue Kräfte zu schöpfen. Mit regelmäßigen Pausen können Sie nicht nur Stress abbauen, Sie werden auch eine bessere Arbeit verrichten.

Sie sollten 45-60 Minuten konzentriert arbeiten und dann eine 15-minütige Pause einlegen. Versuchen Sie, in dieser Zeit nicht an die Arbeit zu denken. Machen Sie gegebenen Falls einen kleinen Spaziergang oder eine entspannte Meditation. Lassen Sie den Stress hinter sich und machen Sie Ihren Kopf frei.

TIPP 9

Setzen Sie sich klaren Grenzen

Erkennen Sie, wie viele Stunden Sie am Tag arbeiten können, ohne dass belastender Stress aufkommt. Wenn Sie sich dazu entschließen, 8 Stunden am Tag zu arbeiten, versuchen Sie diese Grenze auch einzuhalten. Lassen Sie danach die Arbeit auch hinter sich und konzentrieren Sie sich auf etwas Anderes. Machen Sie Sport, um auf andere Gedanken zu kommen, oder gehen Sie einem Hobby nach.

Sie können sich nicht den ganzen Tag auf die Arbeit konzentrieren. Der anhaltende Stress wird Ihnen auf lange Sicht nicht guttun. Finden Sie etwas, das Ihnen Freude bereitet und widmen Sie sich dieser Aktivität. Die innere Ausgeglichenheit wird Ihr Stresslevel niedrig halten.

TIPP 10

Lassen Sie am Wochenende alles hinter sich

Gewöhnen Sie sich an, die Arbeit am Wochenende hinter sich zu lassen. Die Woche ist lang genug, um viele Anliegen zu erledigen. Sie müssen den Stress nicht auch noch am Wochenende zulassen. Sie brauchen auch Zeit für sich selbst.

Schalten Sie Ihr Handy aus und kontrollieren Sie nicht Ihre Emails. Nehmen Sie Abstand vom Arbeitsalltag. Das Wochenende sollte sich wie ein kleiner Urlaub anfühlen, der Ihnen dabei hilft, neue Kraft zu tanken.

Gönnen Sie sich etwas und belohnen Sie sich für die gute Arbeit, die Sie unter der Woche erledigt haben. Sie haben es sich verdient!

TIPP 11

Nehmen Sie sich Zeit für Dinge, die Sie lieben

Sei es nun ein Hobby oder der Kontakt mit Menschen, die Ihnen guttun. Lernen Sie, zwischen Arbeits- und Freizeit zu unterscheiden. Wie Sie Ihre Zeit nutzen, ist vollkommen egal. Sie können mit Freunden Fußball spielen, ein Bild malen, an einem Buch schreiben oder ins Kino gehen. Die Hauptsache ist, dass Sie das tun, was Ihnen echte Freude bereitet.

Wenn Sie einem geliebten Hobby nachgehen, wird es Ihnen sehr leicht fallen, die Arbeit und den Stress zu vergessen. Sie können zu neuer Energie finden und positive Emotionen erleben. Das Leben kann nicht nur aus Arbeit und Problemen bestehen. Besinnen Sie sich auf das Wesentliche und lassen Sie die Freude in Ihr Leben.

TIPP 12

Fragen Sie nach Hilfe

Sie müssen nicht immer alles selbst erledigen. Sie können auch Freunde oder Mitarbeiter fragen, ob Sie Ihnen bei der Beseitigung von Problemen helfen. Haben Sie Mut und gehen Sie auf Ihre Mitmenschen zu. Sie werden sicher jemanden finden, der Ihnen tatkräftige Unterstützung bietet.

Wenn Sie kleine Anliegen an andere abgeben, können Sie zu Ihrem Fokus zurückfinden und sich auf das Wesentliche konzentrieren. Verharren Sie nicht auf dem Gedanken, dass Sie alle Probleme selbst lösen müssen. Sie geben nicht auf, wenn Sie die Hilfe einer anderen Person annehmen.

TIPP 13

Seien Sie 15 Minuten früher da

Egal welchen Termin Sie haben, versuchen Sie immer, 15 Minuten früher am vereinbarten Ort zu sein. Auf diese Weise vermeiden Sie Stress, indem Sie sich nicht abhetzen müssen.

Sie können sich entspannt auf den Weg machen und selbst wenn es einmal 5 Minuten länger dauert, sind Sie immer noch frühzeitig dort. Zudem haben Sie die Möglichkeit, vor dem Termin zur Ruhe zu kommen. Sie können sich sammeln und sich gegebenenfalls vorbereiten. So können Sie selbstbewusster und ausgeglichener zu Meetings erscheinen und dazu einen guten Eindruck machen.

In der heutigen Welt ist der Zeitdruck allgegenwertig. Sie müssen sich immer an Zeiten halten und das Leben wird immer schneller. Umso wichtiger ist es, den Zeitdruck zu vermindern, um unnötigem Stress aus dem Weg zu gehen.

TIPP 14

Üben Sie sich in Selbstreflexion

Um zu erkennen, was Ihnen wirklich wichtig ist, stellen Sie sich selbst Fragen.

Was ist das Wichtigste, was ich jetzt tun kann?

Welche Probleme sollte ich jetzt in Angriff nehmen?

Bringt mich diese Arbeit näher an meine Ziele?

Wie fühle ich mich bei dieser Arbeit?

Was macht mir Freude?

Nur wenn Sie sich selbst gut kennen, können Sie zu wahrer Lebensfreude finden. Analysieren Sie Ihre Gefühle und Ängste. Schreiben Sie die Fragen, die Sie sich immer wieder stellen möchten, auf und hinterlegen Sie sie an Ihrem Arbeitsplatz. So können Sie immer wieder Inne halten und auf dem richtigen Weg bleiben. Vergessen Sie nie, worum es Ihnen wirklich geht und hören Sie auf Ihr Herz.

TIPP 15

Nehmen Sie sich Zeit für Mahlzeiten

Ihre Mahlzeiten sollten Pausen von der Arbeit sein. Nehmen Sie sich die Zeit zu entspannen und stellen Sie sich nicht unter Zeitdruck. Nehmen Sie Abstand von Ihrer Arbeit und essen Sie nicht nebenbei. Planen Sie Ihre Mahlzeiten fest ein, denn Sie sind ein wichtiger Bestandteil Ihres Alltags. Sie essen, um neue Energie zu tanken. Nutzen Sie diese Zeit also mit Bedacht.

Vermeiden Sie auch schnelle Fertiggerichte und Fastfood. Kochen Sie sich eine gesunde Mahlzeit. Beim Kochen können Sie ebenfalls entspannen und kommen auf andere Gedanken.

Eine ungesunde Ernährung ist eine Stressquelle für unseren Körper. Vermeiden Sie fettiges Essen und zu große Portionen. Sie werden sich nur Träge fühlen, da Ihre Verdauung harte Arbeit verrichten muss. Greifen Sie lieber zu etwas Leichtem. So gelangen Sie zu neuer Energie und können glücklich zu Ihrer Arbeit zurückkehren.

TIPP 16

Schaffen Sie Ordnung an Ihrem Arbeitsplatz

Räumen Sie Ihren Arbeitsplatz regelmäßig auf und halten Sie alles simpel. Haben Sie nur die wichtigsten Gegenstände griffbereit.

Ein einfach ausgestatteter Arbeitsbereich kann Ihnen dabei helfen, den Fokus auf das Wesentliche nicht zu verlieren. Sie sind weniger Ablenkungen ausgesetzt und können sich besser konzentrieren. Des Weiteren können Sie ihn einfacher sauber und aufgeräumt halten. Wenn alles übersichtlich gestaltet ist, werden Sie zudem effizienter arbeiten können und werden nicht von der Unordnung übermannt. Nehmen Sie sich die Zeit, eine Ordnung zu finden, die Sie beruhigt.

TIPP 17

Vermeiden Sie ständige Ablenkungen

In der heutigen Zeit sind Ablenkungen allgegenwertig. Ständig klingelt unser Smartphone oder unser PC signalisiert uns, dass eine neue Email im Postfach vorliegt. Diese Ablenkungen generieren ständigen Stress und wir verlieren den Fokus auf das Wesentliche.

An Ihrem Arbeitsplatz sollten Sie die potentiellen Ablenkungen so gering wie möglich halten. Schalten Sie Ihr Handy auf lautlos und schließen Sie Chatfenster. Nutzen Sie Ihren Browser nur, wenn Sie ihn wirklich benötigen. Es kommt schnell vor, dass wir durch eine Ablenkung abschweifen und plötzlich nicht mehr unserer eigentlichen Arbeit nachgehen. Sie arbeiten nicht effizient und fühlen sich schlecht.

Konzentrieren Sie sich vollkommen auf eine Sache und blenden Sie alles um Sie herum aus.

TIPP 18

Morgen ist auch noch ein Tag

Verharren Sie nicht darauf, immer alles sofort erledigen zu müssen. Manchmal ist es ratsam, einem Anliegen ein wenig Zeit zu geben. Sie können alles überdenken und kommen vielleicht zu neuen Erkenntnissen.

Fühlen Sie sich nicht unnötig schlecht, nur, weil Sie eine Aufgabe nicht beenden konnten. Achten Sie auf Ihre Fortschritte. Sie sind Ihrem Ziel bereits ein Stück nähergekommen. Morgen können Sie fortfahren und wieder neue Fortschritte machen. Haben Sie Geduld und stellen Sie sich nicht selbst unter zu großen Druck.

Wenn Sie darauf bestehen, eine Aufgabe unbedingt abzuschließen und vielleicht sogar Ärger darüber verspüren, kommt Stress auf. Sie verlieren zudem Ihre Motivation und Ihr Selbstbewusstsein wird geschwächt. Seien Sie nicht zu streng mit sich selbst.

TIPP 19

Schauen Sie nicht ständig nach Ihren Emails

Kontrollieren Sie Ihr Email-Postfach, falls möglich, nur zu Beginn Ihrer Arbeit und am späteren Tag. Der ständige Gedanke, dass jederzeit neue Aufgaben auf Sie zukommen könnten, kann ebenfalls sehr viel Stress in Ihnen auslösen.

Beschäftigen Sie sich mit den Dingen, die Ihnen jetzt wichtig sind. Alle Aufgaben, die zu späteren Zeiten auf Sie zukommen, sind jetzt nicht relevant. Es wird Ihnen schwerfallen, einen klaren Kopf zu bewahren, wenn Sie die Gedanken an Ihr Postfach immer im Hinterkopf behalten.

TIPP 20

Begrenzen Sie Ihre Informationsaufnahme

Vor allem im Internet sind wir einer ständigen Informationsflut ausgesetzt. Immer wieder gibt es neue Nachrichten, die wir ohne Begrenzung aufnehmen. Unser Geist kann nur eine begrenzte Menge an Informationen aufnehmen, alles was darüber hinausgeht, produziert nur inneren Stress.

Überlegen Sie sich genau, welche Informationen Sie in Ihrem Leben weiterbringen. Was ist wirklich relevant? Womit verlieren Sie Zeit und Energie? Überdenken Sie Ihre Gewohnheiten und ändern Sie Ihren Informationskonsum, wenn Sie das Gefühl haben, überflutet zu werden.

Oftmals kostet es Überwindung, den Informationen bewusst aus dem Weg zu gehen. Sie werden jedoch schnell merken, dass es Ihrem Geist guttut, wenn Sie die Informationen besser filtern.

TIPP 21

Leben Sie in der Gegenwart

Wenn Sie sich ständig Sorgen um die Zukunft machen oder pausenlos über die Vergangenheit nachdenken, verlieren Sie den Fokus auf die wirklich wichtigen Dinge. Die Vergangenheit liegt hinter Ihnen und kann nicht mehr verändert werden. Die Zukunft ist ungeschrieben und hat daher keine große Bedeutung. Alles was zählt, ist das Hier und Jetzt. Ihre Entscheidungen in der Gegenwart sind alles, was zählt.

Eine gute Übung, um zurück in die Gegenwart zu finden, ist, kurz Inne zu halten. Konzentrieren Sie sich darauf, was Sie gerade fühlen. Achten Sie auf Ihre Atmung und die Eindrücke in Ihrer Umgebung. Schauen Sie sich um, hören Sie, riechen Sie und fühlen Sie den Moment. Spüren Sie den Sonnenschein oder den Regen, der auf Ihre Haut trifft. Besinnen Sie sich auf das Wesentliche.

TIPP 22

Versuchen Sie nicht, perfekt zu sein

Perfektionismus kann sehr belastend sein. Sie haben die Sorge, nicht gut genug zu sein oder zu viele Fehler zu machen. Sie sind ein Mensch und Menschen machen Fehler. Akzeptieren Sie, dass Sie niemals die 100% erreichen können. Es ist nicht schlimm, Fehler zu machen. Es bedeutet nicht sofort, dass Sie gescheitert sind.

Sie werden Probleme damit bekommen, ein bestimmtes Projekt abzuschließen, wenn Sie das Auftreten von Fehlern nicht akzeptieren können. Sie werden immer kleine Fehler entdecken, die vielleicht sogar unbedeutend sind.

Wenn Sie ständig auf die Fehler und Probleme fokussiert sind, wird Ihr Selbstbewusstsein darunter leiden. Sie fühlen sich schlecht und haben nicht das Gefühl, Fortschritte zu machen. Aus diesem Grund werden Sie schnell die Motivation verlieren. Sie denken, dass Sie niemals in der Lage sein werden, das Projekt zufriedenstellend abzuschließen. Sie geben auf.

Natürlich ist es wichtig, Fehler und Probleme zu sehen. Genauso wichtig ist es jedoch, auch positive Gedanken zu haben. Sehen Sie auch Ihre Fortschritte. Sie werden motivierter arbeiten können.

TIPP 23

Erkennen Sie die Bedeutung Ihrer Probleme

Häufig passiert es, dass wir uns nicht bewusst darüber sind, welche Bedeutung unsere Probleme wirklich haben. Stellen Sie Ihre Probleme in Relation.

Gibt es jemanden auf diesem Planeten, der es schwerer hat als ich?

Ist dieses Problem wirklich relevant?

Es geht nicht darum, Probleme kleiner zu machen, als sie sind. Vielmehr soll Ihnen klarwerden, ob der Stress, der durch ein Problem entsteht, wirklich nötig ist. Müssen Sie sich wirklich Sorgen machen? Manche Anliegen belasten Sie sehr, obwohl Sie eigentlich keinerlei Bedeutung für Ihr Leben haben. Es liegt an Ihnen, diese zu erkennen.
Machen Sie sich keine Sorgen um Dinge, die Sie auch genauso gut ignorieren oder durch einfache Tätigkeiten lösen können.

TIPP 24

Schalten Sie einen Gang zurück

Wenn Sie das Gefühl haben, etwas schnell erledigen zu müssen, entschleunigen Sie Ihr Denken. Wenn Sie zur Ruhe kommen, fällt es Ihnen leichter, klar zu denken und bedachte Entscheidungen zu treffen.

Wenn Sie das Gefühl haben, schnell handeln zu müssen, werden Sie bewusst langsamer. Gehen Sie langsam, essen Sie langsam oder atmen Sie langsamer. Zunächst wird es sich vielleicht komisch anfühlen, Ihr Geist wird sich aber schnell beruhigen. Sie finden zur inneren Ruhe zurück und können Ihre Gedanken ordnen.

Treffen Sie keine Entscheidungen aus einem Drang oder einer Unruhe heraus. Leben Sie bedacht und nehmen Sie sich Zeit für eine kleine Analyse der Situation. Der Stress wird von Ihnen abfallen und Sie werden strategischere Entscheidungen treffen.

TIPP 25

Es zählt nur der heutige Tag

Langfristige Pläne können sehr frustrierend sein. Immer wieder wird es zu unbekannten Einflüssen von außen kommen, auf die Sie nicht vorbereitet sind. Ihre Pläne werden dadurch durcheinandergeworfen und Sie verlieren den Boden unter Ihren Füßen.

Kümmern Sie sich nur um heute.

Was können und wollen Sie heute erreichen?

Welche Ziele möchten Sie heute verfolgen?

Wie wollen Sie heute Ihre Zeit nutzen?

Planen Sie Ihren Tag und überlegen Sie sich genau, was Sie weiterbringen wird. Machen Sie sich dann an die Arbeit und ignorieren Sie alles darüber hinaus. Konzentrieren Sie sich nur auf wenige Angelegenheiten statt auf eine erdrückende Menge von Problemen.

Wenn Sie das Gefühl haben, von Aufgaben übermannt zu werden, kann eine solche Planung sehr zum Stressabbau beitragen.

TIPP 26

Atmen Sie tief durch

Immer wenn Sie das Gefühl haben, dass der Stress Sie erdrückt, atmen Sie tief durch. Konzentrieren Sie sich dabei komplett auf Ihre Atmung. Blenden Sie alles um Sie herum aus.

Eine kleine Atemübung kann Ihnen sehr dabei helfen, zurück zur inneren Ausgeglichenheit zu gelangen. Atmen Sie aus dem Bauch heraus für 1-2 Minuten. Atmen Sie langsam ein, halten Sie Inne und atmen Sie dann langsam wieder aus. Spüren Sie, wie sich der Sauerstoff in Ihrem Körper ausbreitet.

Versuchen Sie, Ihre Probleme und Sorgen loszulassen. Sie werden schnell merken, dass Sie zur Ruhe kommen und der Stress langsam abgebaut wird.

TIPP 27

Meditation

Ein Beispiel für diese Art der Meditation ist die Vispassana oder auch Einsichtsmeditation. Hierbei wird die aktive Aufmerksamkeit trainiert. Einfach gesagt, fokussiert man seine ganze Aufmerksamkeit auf eine einzige Sache. Jede Ablenkung wird versucht zu verdrängen, sodass im Geist nicht anderes mehr herrscht als das Beachtete.

Was Sie dabei beachten, spielt keine allzu große Rolle. Es kann ein externes Objekt, wie zum Beispiel ein Stift, oder Ihre Atmung sein. Probieren Sie einfach aus, worauf Sie leicht Ihre Aufmerksamkeit lenken können. Natürlich können Sie sich mit der Zeit auch bewusst Dinge suchen, bei denen es Ihnen schwerfällt, die Aufmerksamkeit gerichtet zu lassen. Dies kann zum Beispiel die leere Wand sein oder ein einzelner Punkt auf einem Blatt Papier.

Sollte Ihre Aufmerksamkeit schwinden und Sie merken, dass Ihnen Gedanken durch den Kopf schwirren, dann reagieren Sie nicht mit Frustration, sondern legen Sie Ihren

Fokus einfach wieder auf das gewählte Objekt.

Die ersten Male dieser Meditation werden Ihnen sehr schwer fallen und Sie werden merken, wie Ihre Aufmerksamkeit ständig umherwandert. Das ist ganz normal und kein Grund zur Beunruhigung. Hier merken Sie allerdings, wie schwer es einer Durchschnittsperson fällt, ihre Aufmerksamkeit zu bündeln und konzentriert zu sein.

Fangen Sie ruhig mit kleinen Intervallen der Meditation an. Am Anfang werden Ihnen schon 10 Minuten sehr lange vorkommen. Mit der Zeit werden Sie aber immer besser und selbst eine halbe oder ganze Stunde ist mit etwas Übung leicht möglich. Daran sehen Sie auch direkt, wie Ihr Geist langsam aber sicher trainiert wird.

Wie bei jeder Meditation ist es essentiell, dass Sie möglichst konsistent bei der Durchführung sind. Am besten wählen Sie eine feste Zeit, zu der Sie jeden Tag meditieren.

TIPP 28

Lieben Sie sich selbst

Stellen Sie sich selbst nicht zu sehr unter Druck. Sie müssen keinem Ideal entsprechen und dürfen auch mal Fehler machen. Sie sind ein Mensch und keine Maschine. Beginnen Sie, sich selbst zu lieben und akzeptieren Sie sich so, wie Sie sind. Dies kann Ihr Selbstwertgefühl stärken und Sie werden leichter mit Problemen umgehen können.

Ein Mensch mit niedrigem Selbstwertgefühl wird versuchen, den negativen Gefühlen in seinem Leben zu entfliehen und sucht Ablenkung in Kleinigkeiten. Auf diese Weise entstehen viele Stressfaktoren. Negative Gedanken sind eine Belastung für den Geist. Machen Sie sich frei von Ihren Selbstzweifeln!

TIPP 29

Vermeiden Sie Drogen

Übermäßiger Konsum von Alkohol und anderen Drogen ist ebenfalls eine starke Belastung. Der Körper muss sehr viele Stoffe abbauen und steht somit unter Stress. Ein gelegentliches Glas Wein ist natürlich kein Problem. Verzichten Sie jedoch auf übermäßigen Konsum. Achten Sie darauf, wie Sie sich fühlen, wenn Sie Ihren Alkoholkonsum reduzieren. Sie werden schnell merken, dass Ihr Stresslevel abfallen wird.

Auch Nikotin ist eine Stressquelle. Sie sollten also, falls Sie rauchen, damit aufhören. Ihre Gesundheit wird Ihnen ebenfalls dafür danken. Warum also nicht einfach damit aufhören? Sie können es schaffen, wenn Sie an all die positiven Auswirkungen denken und Selbstdisziplin aufbauen.

TIPP 30

Ernährung, Sport und Schlaf

Achten Sie darauf, dass Sie gesund leben. Ernähren Sie sich gesund und ausgewogen, treiben Sie regelmäßig Sport und achten Sie darauf, einen gesunden Schlaf zu haben. Ein ungesunder Lebensstil ist ein großer Stressfaktor für unseren Körper. Greifen Sie den Stress dort an, wo er entsteht.

Bedenken Sie immer, dass Stress auch ein biologischer Prozess ist, der sich in unserem Gehirn abspielt. Wenn wir die stressauslösenden Wirkungen geringhalten, wird unser Stresslevel automatisch gesenkt. Wenn Sie Ihren Körper gut behandeln und an Ihre Gesundheit denken, legen Sie eine gute Grundlage für ein entspanntes und glückliches Leben. Leben Sie bewusst und rücksichtsvoll.

LESEPROBE

Selbstbewusstsein

Einleitung

„Du musst selbstbewusst(er) auftreten“ heißt meist der gut gemeinte Rat von Eltern, Freunden, Kollegen oder Geschäftspartnern. Was damit aber wirklich verbunden ist – an wie vielen Ecken und Enden wir an uns, unserem Körper und Geist arbeiten müssen, und vor allem, wie oder was genau wir tun sollten, um selbstbewusster zu werden, das bleibt meist ein Geheimnis. Der Begriff des Selbstbewusstseins wird in Fachdisziplinen wie der Soziologie, Psychologie und Philosophie, aber auch in unserem täglichen Sprachgebrauch zwar häufig verwendet und ist in unserer leistungsorientierten Gesellschaft ein Schlüsselbegriff - ja fast schon ein Mantra - aber es bleibt meist bei dem guten Rat mit diesem Schlagwort, ohne dass man uns sagt, was wir denn nun genau tun müssen, um selbstbewusster zu sein. Das liegt zum einen daran, dass keiner von uns so genau weiß, worin eigentlich das Geheimnis eines gesunden Selbstbewusstseins und Selbstwertgefühls liegt, zum anderen aber auch daran, dass es keine allgemeingültige „Zauberformel“ gibt, mit der Sie sich ein gesundes Selbstbewusstsein aus dem Hut zaubern können.

Andere können viele kluge Ratschläge darüber geben, was Sie tun müssen, um Ihr Selbstwertgefühl und Selbstbewusstsein zu steigern. Letztendlich müssen Sie aber selbst erst einmal für sich einige Dinge klären: Sie müssen herausfinden, wo genau Ihre Ängste und ihr geringes Selbstwertgefühl herkommen. Die Gründe dafür können bei uns allen sehr unterschiedlich sein. Genauso müssen Sie anschließend analysieren, welches für Sie die beste Strategie ist, an sich zu arbeiten. Was jeder einzelne von uns tun muss, um sich von Ängsten zu befreien und das Selbstwertgefühl zu steigern, kann auch höchst unterschiedlich sein. Es muss deshalb letztendlich auch vollkommen uns selbst überlassen sein, wie, wann und wo wir an unserem Selbstbewusstsein arbeiten.

Dieses Buch soll Ihnen deshalb dabei helfen, zuerst einmal die Mechanismen unseres Selbstbewusstseins und Selbstwertgefühles besser zu verstehen, damit Sie ihre eigene Situation besser verstehen können. Es soll Ihnen dann verschiedene Wege aufzeigen, mit denen die unterschiedlichsten Persönlichkeiten an sich gearbeitet haben und Erfolg hatten. Es enthält wichtige Tipps, wie Sie in Zukunft kontinuierlich an sich arbeiten können und wie Sie echte Fortschritte erzielen können, um von jetzt an freier von Angst und Selbstzweifeln zu sein.

Im ersten Teil des Buches werde ich deshalb einige Grundkonzepte und Mechanismen unseres Selbstbewusstseins erklären, um danach auf die verschiedensten Methoden einzugehen, mit denen man an sich arbeiten kann. Sie sollen vor allem lernen, in Zukunft besser zu unterscheiden zwischen den für Ihr Selbstbewusstsein und Selbstwertgefühl abträglichen und zuträglichen Gewohnheiten.

Es existiert eine Fülle von Ratgebern, Berichten und Kursen zum Thema Selbstbewusstsein. Jeder Mensch, jeder Coach und jeder Ratgeber hat eine andere Herangehensweise, die Ihnen dann angepriesen wird. Im Gegensatz dazu ist es mir wichtig, Ihnen alle Möglichkeiten zu präsentieren, die Sie haben, damit Sie anschließend für sich selbst entscheiden können, welche Methode für Sie die beste ist.

Selbstbewusstsein ist Selbstwert und Kompetenz

Selbstbewusstsein ist gleichzusetzen mit der Antwort auf die Frage, „Wie fühlen Sie sich selbst in Bezug auf das, was Sie sind?“. Sie sollten daran arbeiten, diese Frage für sich selbst zu beantworten. Selbstbewusstsein lernen wir – zuallererst in unserer Familie. Es ist nicht etwas, das wir von vornherein schon intuitiv in uns haben. Das Selbstwertgefühl – gleichzusetzen mit Selbstbewusstsein – bekommen wir zuerst dadurch, dass andere uns einen Wert geben. Wir sind als Kinder wertvoll für unsere Eltern. Später für unsere Freunde, unsere Partner und Kollegen. Je größer der Grad der Anerkennung durch andere, umso besser sind die Umstände, in denen sich unser Selbstbewusstsein entfalten und unser Selbstwertgefühl halten kann. Die Wertschätzung durch andere funktioniert dabei wie ein Katalysator.

Es ist aber nicht nur entscheidend, ob andere uns Wert geben, sondern wir müssen im Einklang damit uns auch selber den Wert geben, den wir verdienen. Das bedeutet, selbst-bewusst darüber zu reflektieren, wer wir sind, wer wir sein wollen und was wir bereits erreicht haben. Im Grunde ist das auch die Frage danach „Wie zufrieden sind wir mit uns selbst?". In Anlehnung daran haben Psychotherapeuten Selbstbewusstsein auch definiert als den „Glauben darüber, wie kompetent wir darin sind, die Herausforderungen des Lebens für uns zu meistern und ein lebenswertes Leben zu führen". Aus der Antwort auf diese Frage ergibt sich dann auch eine mehr oder weniger große Überzeugung darüber, ob wir es verdient haben, glücklich zu sein.

Die Anatomie des Selbstbewusstseins setzt sich also zusammen aus einer „Kreiskausalität": Wenn wir selbstbewusst sind, handeln wir konsequenter. Und andersherum: Umso konsequenter wir in der Umsetzung unserer Vorstellungen handeln, umso selbstbewusster und schließlich auch glücklicher werden wir. Oft wird die Konsequenz in der Umsetzung unserer Vorstellungen auch als Erfolg beschrieben. Erfolg macht glücklich, heißt es. Warum? Weil der Erfolg unser Selbstbewusstsein und unser Selbstwertgefühl steigert und uns signalisiert, dass wir es uns verdient haben, glücklich zu sein! Aber

Vorsicht: Erfolg ist zwar wichtig, aber trotzdem nicht alles, wenn es um die Entfaltung unseres Selbstbewusstseins geht. Darauf möchte ich im nächsten Abschnitt genauer eingehen.

Sie haben Interesse an weiteren Ratgebern und Rezeptbüchern?

Informationen zu weiteren Ratgebern und andere E-Books von ProWebLife finden Sie auf:

www.ProWebLife.com/

Sollten Sie nach dem lesen dieses Buches weitere Fragen haben, können Sie mich gerne kontaktieren. Ich freue mich auch über Erfahrungsberichte. Der Kontakt zu meinen Lesern ist mir sehr wichtig, denn nur, wenn ich Ihnen helfen konnte, habe ich mein Ziel erreicht.

Morgenroutine, Tagesplan und Abendritual (Sammelband)

Sammelband-Tagesplan.ProWebLife.com

Smalltalk, Charisma und Soziale Phobie (Sammelband)

Sammelband-Sozial.ProWebLife.com

Erhalten Sie 3 GRATIS E-Books!

Schauen Sie auf der Seite

www.ProWebLife.com/Gratis-Ebooks/

vorbei!

Dort erhalten Sie die Bücher „Mehr vom Leben“, „Glück in der Liebe“ und „Finanzielle Sicherheit“ – völlig KOSTENLOS!

Wir hoffen, dass wir Ihnen damit eine Freude bereiten können und wünschen Ihnen viel Spaß beim Lesen!

Ihr ProWebLife Team

Sie möchten über GRATIS E-Books und interessante Blogartikel zum Thema Selbstentwicklung informiert werden?

Besuchen Sie uns auf Facebook oder Twitter!

Facebook.ProWebLife.com

Twitter.com/ProWebLife

Dort bieten wir Ihnen wöchentlich neue Inhalte und Blogartikel an. Außerdem werden Sie über aktuelle, kostenlose ProWebLife-Ratgeber und Rezeptbücher informiert.

Schauen Sie doch mal vorbei!

Wenn Ihnen “Stress“ gefallen hat, hinterlassen Sie gerne eine Kundenrezension auf Amazon und empfehlen Sie es weiter an Ihre Freunde.

Impressum

Thomas Langner, Kreuzbergring 24, 37075 Göttingen

8550915R00098

Printed in Germany
by Amazon Distribution
GmbH, Leipzig